# Psicología Inversa

Alexa Murphy

Alexa Murphy



## **Página de Derechos de Autor**

# Indice

Alexa Murphy

# Introducción a la Psicología Inversa

La psicología inversa es una técnica de persuasión que ha estado presente en nuestras vidas mucho más de lo que imaginamos. Todos, en algún momento, hemos sido víctimas o hemos utilizado esta técnica, sin siquiera darnos cuenta. Pero, ¿qué es exactamente la psicología inversa? En términos simples, es el arte de hacer que alguien haga lo que queremos, pero de una manera sutil y casi contraria. En lugar de pedir o insistir en algo de manera directa, sugerimos lo opuesto, desencadenando en la persona un deseo por hacer justamente lo contrario de lo que se le ha sugerido.

Imagina que le dices a un niño que no juegue con un juguete en particular. Si el niño no estaba interesado en ese juguete antes, lo más probable es que, después de tu prohibición, de repente lo quiera con todas sus fuerzas. Este impulso de hacer lo contrario de lo que se les pide es lo que hace que la psicología inversa funcione tan bien. Y no solo en los niños. Los adultos también caemos en este tipo de trampas psicológicas, porque forma parte de cómo funciona nuestra mente.

Nuestra mente tiende a reaccionar de manera opuesta cuando sentimos que nuestra libertad de elección está siendo amenazada. Esto es lo que se conoce como resistencia psicológica. Cuando alguien nos dice qué hacer o qué no hacer, sentimos, muchas veces sin ser conscientes de ello, un impulso de demostrar nuestra autonomía, de tomar nuestras propias decisiones, aunque estas decisiones vayan en contra de lo que inicialmente se nos ha sugerido. La psicología inversa se aprovecha de este mecanismo natural.

Lo fascinante es que este tipo de manipulación puede ser utilizado de maneras muy simples o en contextos más complejos, desde la crianza de los hijos hasta las relaciones laborales, y hasta en la publicidad. Muchas veces, los mensajes que recibimos están diseñados para despertar este tipo de resistencia en nosotros. Piensa en una publicidad que diga algo como "Solo para los valientes". Este tipo de frase está diseñada para hacer que las personas sientan que, si no compran ese producto o no realizan esa acción, entonces no son lo suficientemente valientes, y naturalmente querrán demostrar lo contrario.

La psicología inversa es una herramienta poderosa porque aprovecha la naturaleza humana en su forma más básica: el deseo de ser independiente y de tomar decisiones por nosotros mismos. Sin embargo, lo interesante es que, muchas veces, las personas que caen bajo su influencia no se dan cuenta de que han sido guiadas hacia una acción que inicialmente no planeaban tomar. Y esto es lo que hace que esta técnica sea tan efectiva, ya que no se siente como una imposición, sino como una decisión propia.

En la vida diaria, la psicología inversa puede verse en muchos ejemplos cotidianos. Por ejemplo, un jefe que quiere que sus empleados sean más responsables podría decir: "Probablemente este proyecto sea demasiado difícil para ustedes". Esta afirmación podría despertar en los empleados el deseo de probar que pueden manejarlo, llevando a un mayor esfuerzo por parte del equipo. De manera similar, en las relaciones personales, una pareja podría decir algo como: "No creo que seas capaz de recordar nuestro aniversario". Esta frase puede provocar que la otra persona, en un intento de contradecir esa afirmación, se esfuerce por recordar la fecha y hacer algo especial.

Pero, ¿por qué funciona tan bien la psicología inversa? La respuesta está en cómo funciona nuestra mente. Cuando sentimos que nuestra libertad está en peligro, tendemos a rebelarnos. Si alguien nos dice "no puedes hacer esto", de inmediato sentimos la necesidad de demostrar que, en efecto, podemos hacerlo. Este impulso de demostrar nuestra independencia y competencia es algo profundamente humano. Además, la psicología inversa juega con nuestras expectativas y deseos de desafío. Cuando se nos plantea un límite o una restricción, nuestra naturaleza nos impulsa a romperlo, a probar que podemos hacer lo contrario.

A lo largo de la historia, la psicología inversa ha sido utilizada en diferentes contextos, desde la educación hasta la política y la publicidad. Los líderes han sabido usarla para influir en las decisiones de las masas, los padres la han utilizado para guiar el comportamiento de sus hijos y los anunciantes han logrado vender productos jugando con las emociones de sus consumidores. Lo más interesante es que, aunque parece una técnica compleja, en realidad es muy sencilla de aplicar. Basta con entender cómo reaccionan las personas cuando se les pone un límite o una expectativa, y usar esa reacción a nuestro favor.

En resumen, la psicología inversa es una técnica poderosa que se basa en nuestra tendencia natural a resistirnos cuando sentimos que nuestras decisiones están siendo controladas. Funciona al provocar una reacción contraria en las personas, logrando que tomen la decisión que queremos, aunque parezca que están actuando por su propia voluntad. Es una herramienta que, cuando se usa con sabiduría, puede ser muy efectiva, pero también puede ser peligrosa si se abusa de ella.

sabiduría, puede ser muy efectiva, pero también puede ser peligrosa si se abusa de ella.

Alexa Murphy

# El Origen de la Psicología Inversa

El origen de la psicología inversa se remonta a conceptos fundamentales dentro de la psicología y el comportamiento humano, aunque la técnica como tal no fue formalmente estudiada hasta el siglo XX. Sin embargo, mucho antes de que los psicólogos empezaran a examinarla, la psicología inversa ya estaba presente en nuestras interacciones cotidianas. La tendencia de las personas a resistirse a órdenes directas o a actuar en contra de lo que se les dice ha sido una característica humana a lo largo de la historia, y diversas culturas y tradiciones lo han reconocido de diferentes maneras.

Uno de los primeros en estudiar formalmente este fenómeno fue el psicólogo social Jack Brehm, quien en la década de 1960 desarrolló la teoría de la "reactancia psicológica". Esta teoría sostiene que cuando los individuos sienten que su libertad está siendo limitada, experimentan una reacción emocional que los impulsa a restaurar esa libertad. Dicho de otra manera, cuando sentimos que alguien está tratando de controlarnos o imponer una decisión, nuestro instinto nos lleva a querer hacer lo contrario, simplemente para demostrar que somos dueños de nuestras propias decisiones. Esta idea de la reactancia es clave para entender cómo y por qué funciona la psicología inversa.

El concepto de reactancia psicológica puede parecer nuevo, pero si nos detenemos a pensar, ya estaba presente mucho antes de que Brehm lo describiera. Por ejemplo, en la filosofía antigua y en las enseñanzas de diversas religiones, se encuentran referencias a la resistencia humana frente a la autoridad o las normas impuestas. Los filósofos griegos, como Sócrates y Platón, ya hablaban de la naturaleza contradictoria de los seres humanos y de cómo a menudo hacemos lo opuesto de lo que se espera de nosotros. En ciertos textos religiosos, también se mencionan relatos en los que la prohibición de hacer algo lleva a las personas, en su deseo de desafiar la norma, a desobedecer, como en el famoso relato de Adán y Eva en el Jardín del Edén.

La psicología inversa no es simplemente un invento moderno. Las historias, los mitos y los relatos de diferentes culturas nos muestran cómo las personas siempre han tenido una tendencia a rebelarse contra las prohibiciones o los mandatos. En la Edad Media, por ejemplo, los gobernantes y líderes religiosos a menudo utilizaban restricciones severas para controlar a las masas, pero estas restricciones también a veces provocaban el efecto contrario. La prohibición del consumo de ciertos libros o ideas, por ejemplo, hacía que esas mismas ideas se volvieran aún más atractivas para aquellos que se sentían privados de acceso a ellas. Esta reacción de "quiero lo que no puedo tener" es un ejemplo claro de cómo la psicología inversa puede estar en juego incluso cuando no se planea intencionalmente.

Otro caso relevante en la historia donde vemos el uso implícito de la psicología inversa es en las estrategias militares. A lo largo de los siglos, los líderes militares han empleado tácticas psicológicas para desmoralizar a sus enemigos o incitarlos a actuar de manera impulsiva. La idea de "desafiar" al enemigo, haciéndolo sentir que no es capaz de enfrentar un desafío, muchas veces lo empuja a tomar decisiones imprudentes, exactamente lo que el líder desea. Aunque en esos tiempos no se le llamaba "psicología inversa", los principios subyacentes eran los mismos.

Con el tiempo, la psicología inversa se fue convirtiendo en un tema de estudio más formal dentro de la psicología. En el siglo XX, con el auge de la psicología del comportamiento y la psicología social, se empezaron a realizar estudios para entender mejor cómo las personas responden a las órdenes y cómo la resistencia psicológica juega un papel clave en nuestras decisiones. Además de Jack Brehm, otros investigadores como Leon Festinger, con su teoría de la disonancia cognitiva, también influyeron en la comprensión del comportamiento contradictorio de las personas frente a las expectativas sociales. La disonancia cognitiva describe cómo las personas tienden a experimentar malestar cuando sus creencias o acciones no están alineadas, lo que puede llevarlas a justificar sus comportamientos incluso si van en contra de lo que racionalmente saben que es mejor para ellas.

A medida que los estudios avanzaban, los psicólogos comenzaron a notar que la psicología inversa no solo se aplicaba a individuos, sino también a grupos. Las dinámicas de grupo, como las que se ven en contextos sociales o laborales, mostraron que las personas en conjunto también pueden resistirse a órdenes o sugerencias directas, reaccionando de manera opuesta por el simple deseo de mantener su autonomía. Así, la psicología inversa empezó a utilizarse de manera más estructurada en áreas como la publicidad, el marketing y la educación.

En el ámbito de la publicidad, por ejemplo, los mensajes que aparentemente "desalientan" a los consumidores a comprar ciertos productos, en realidad los animan a hacerlo. Frases como "Este producto es solo para los más atrevidos" o "No todos pueden manejarlo" crean un sentido de desafío que provoca que las personas quieran demostrar que sí pueden hacerlo. Los anunciantes han comprendido que, al sugerir sutilmente que el consumidor no es capaz de hacer algo, se despierta en él un deseo de probar lo contrario.

La psicología inversa también ha encontrado un lugar en la crianza de los hijos y en la educación. Aunque no siempre de manera intencional, muchos padres y maestros han utilizado esta técnica para guiar el comportamiento de los niños. Por ejemplo, al decir "No creo que seas capaz de terminar tu tarea antes de la cena", el niño puede sentirse impulsado a demostrar que sí es capaz, completando la tarea de manera rápida. Aunque esta estrategia puede ser efectiva, su uso debe ser cuidadoso, ya que un abuso de la psicología inversa puede llevar a que los niños se vuelvan rebeldes o desconfíen de las intenciones de los adultos.

Con el tiempo, la psicología inversa ha llegado a ser reconocida no solo como una táctica útil, sino como un reflejo de nuestra naturaleza humana. Todos tenemos un deseo inherente de demostrar nuestra independencia y nuestra capacidad para tomar decisiones por nosotros mismos. La psicología inversa aprovecha este deseo de manera sutil, haciendo que las personas sientan que están tomando decisiones por su propia cuenta, cuando en realidad están siendo influenciadas de una manera estratégica.

En resumen, aunque el término "psicología inversa" puede sonar moderno, su esencia ha estado presente en el comportamiento humano desde tiempos antiguos. La evolución de su estudio, desde las ideas filosóficas antiguas hasta los estudios psicológicos modernos, nos muestra que esta técnica está profundamente enraizada en cómo pensamos y actuamos. Y aunque puede parecer una simple estrategia de manipulación, en realidad refleja una parte fundamental de nuestra psicología: el deseo de ser libres en nuestras decisiones y de resistirnos cuando sentimos que esa libertad está en peligro.

# Cómo Funciona la Psicología Inversa en el Cerebro

Para entender cómo funciona la psicología inversa en el cerebro, primero debemos pensar en cómo nuestras mentes reaccionan cuando sentimos que estamos siendo controlados o manipulados. El cerebro humano tiene una fascinante capacidad de identificar y resistirse a situaciones donde nuestra libertad de elección se ve amenazada. Esta resistencia natural es la clave detrás del funcionamiento de la psicología inversa. Lo que ocurre es que, cuando alguien nos da una orden o nos dice que hagamos algo de manera directa, nuestro cerebro puede interpretar esto como una invasión a nuestra autonomía, lo que desencadena una respuesta emocional conocida como reactancia psicológica.

La reactancia psicológica es un fenómeno que ocurre en nuestro cerebro cuando percibimos que nuestra libertad está siendo limitada. Es una respuesta automática que muchas veces ni siquiera notamos, pero que nos impulsa a querer hacer exactamente lo contrario de lo que se nos ha pedido. Este mecanismo está diseñado para proteger nuestra sensación de libertad, algo que es fundamental para nuestro bienestar emocional. Cuando alguien nos dice "no hagas esto", nuestro cerebro activa una alerta interna que nos empuja a restaurar esa libertad de acción que creemos que estamos perdiendo. Así que, cuando sentimos que alguien está tratando de controlarnos, nos resistimos, y la psicología inversa aprovecha este impulso natural.

El cerebro tiene varias regiones que participan en este proceso. Una de las más importantes es la corteza prefrontal, que está relacionada con la toma de decisiones y el control de nuestros impulsos. Esta parte del cerebro nos ayuda a evaluar las situaciones y decidir cuál es la mejor acción a tomar. Sin embargo, cuando detecta que una decisión está siendo impuesta de manera externa, puede desencadenar una sensación de rechazo, lo que nos lleva a hacer exactamente lo contrario de lo que se espera de nosotros. En esencia, el cerebro interpreta la situación como una especie de desafío, y el deseo de restaurar nuestra autonomía se vuelve prioritario.

Otra área involucrada es el sistema límbico, la parte del cerebro responsable de nuestras emociones. La reactancia psicológica es en gran medida una reacción emocional, y el sistema límbico juega un papel clave en ello. Cuando alguien nos dice qué hacer o qué no hacer, el sistema límbico genera una respuesta emocional que puede ir desde la frustración hasta la irritación. Esta respuesta emocional refuerza el deseo de ir en contra de lo que se nos ha dicho, ya que nos sentimos emocionalmente incómodos con la idea de perder el control sobre nuestras decisiones.

Pero el cerebro no se detiene allí. También entra en juego el núcleo accumbens, una región relacionada con la recompensa y el placer. Cuando decidimos actuar en contra de lo que nos han dicho, esta parte del cerebro nos recompensa con una sensación de satisfacción. Es como si el cerebro nos premiara por desafiar una imposición, haciéndonos sentir bien por recuperar nuestra libertad. Esta recompensa interna refuerza el comportamiento contrario, haciéndonos más propensos a actuar en contra de lo que se nos ha dicho en futuras ocasiones.

La psicología inversa, entonces, funciona porque explota este delicado equilibrio entre el control externo y la necesidad interna de autonomía. Al sugerir lo contrario de lo que queremos que alguien haga, activamos en su cerebro la sensación de que se le está ofreciendo una opción, lo que le permite sentir que tiene el control de la situación. Por ejemplo, si le dices a alguien que probablemente no pueda completar una tarea porque es demasiado difícil, su cerebro puede interpretar esto como un reto. La corteza prefrontal evalúa la situación y la persona siente el impulso de demostrar lo contrario, restaurando su libertad de acción y, al mismo tiempo, obteniendo una sensación de logro y satisfacción cuando lo logra.

Este tipo de funcionamiento del cerebro también puede explicar por qué la psicología inversa es tan efectiva en situaciones donde la persona siente que su orgullo o competencia están en juego. Al hacer una sugerencia que indirectamente desafía las capacidades de alguien, se estimula su necesidad de demostrar que puede hacerlo. Aquí, no solo interviene el deseo de libertad, sino también el deseo de reconocimiento y autoafirmación. El cerebro odia la idea de sentirse limitado o subestimado, por lo que muchas veces reacciona haciendo justo lo contrario de lo que se le ha sugerido.

Un aspecto interesante es que la psicología inversa no solo funciona cuando otra persona nos desafía; también podemos usarla con nosotros mismos. Esto ocurre cuando nos damos órdenes mentales, por ejemplo, cuando tratamos de forzarnos a hacer algo que sabemos que debemos hacer, pero que no queremos hacer. Si nos decimos a nosotros mismos "no puedes hacerlo", el cerebro puede activar el mismo mecanismo de reactancia, llevándonos a realizar la tarea solo para demostrar que sí somos capaces. Este tipo de autodesafío puede ser útil en contextos de motivación personal, donde la psicología inversa puede ser aplicada de manera intencional para autoestimularnos.

Es importante destacar que la psicología inversa no siempre funciona de la misma manera en todas las personas. Algunos estudios sugieren que las personas con una fuerte necesidad de autonomía o aquellas que tienen una personalidad más rebelde tienden a ser más susceptibles a este tipo de manipulación. Su cerebro está más predispuesto a resistir las órdenes directas, lo que las hace más propensas a actuar en contra de lo que se les dice. Por otro lado, personas que son más conformistas o que no sienten la misma necesidad de defender su libertad pueden ser menos sensibles a la psicología inversa, ya que su cerebro no reacciona de manera tan fuerte ante las imposiciones.

En resumen, la psicología inversa funciona en el cerebro porque aprovecha nuestro deseo innato de ser independientes y tomar nuestras propias decisiones. Cuando sentimos que nuestra libertad está en riesgo, el cerebro activa una serie de respuestas que nos impulsan a recuperar esa sensación de control, incluso si eso significa hacer lo contrario de lo que se nos ha dicho. La reactancia psicológica, la respuesta emocional y la recompensa por desafiarnos a nosotros mismos son los mecanismos clave que hacen que la psicología inversa sea tan efectiva. Y aunque puede parecer un truco simple, en realidad es una estrategia profundamente arraigada en la forma en que nuestro cerebro maneja las decisiones y la autonomía.

Alexa Murphy

# La Psicología Inversa en la Vida Cotidiana

La psicología inversa es una herramienta poderosa que usamos a menudo sin siquiera darnos cuenta. Está presente en muchas interacciones diarias, ya sea en nuestra relación con amigos, familia, compañeros de trabajo o incluso con desconocidos. Es una técnica que, al hacer una sugerencia contraria a lo que realmente deseamos, provoca que la otra persona haga exactamente lo que queríamos desde el principio. Aunque suena como un truco complicado, la realidad es que lo hacemos de manera tan natural que casi pasa desapercibido. La razón por la cual funciona tan bien es porque apela a nuestra necesidad básica de sentir que tenemos el control de nuestras decisiones, algo que todos valoramos.

Uno de los ejemplos más comunes de psicología inversa ocurre en la crianza de los hijos. Los padres suelen utilizarla, muchas veces sin planearlo, para guiar el comportamiento de sus hijos. Por ejemplo, si un niño se niega a recoger sus juguetes, en lugar de decirle directamente que lo haga, un padre podría decirle: "No te preocupes, seguro que eres demasiado pequeño para poder recoger todos esos juguetes tú solo". Al escuchar esto, el niño puede sentirse desafiado y decidir que, en realidad, sí puede hacerlo, y lo hará solo para demostrar lo contrario. Este es un ejemplo sencillo, pero muy efectivo, de cómo la psicología inversa puede funcionar en situaciones cotidianas, haciendo que la persona actúe de acuerdo a nuestros deseos sin sentirse presionada.

Otro contexto donde vemos la psicología inversa con frecuencia es en las relaciones de pareja. A veces, cuando queremos que nuestra pareja haga algo, pero no queremos parecer mandones o insistentes, utilizamos la psicología inversa para hacer que tome la iniciativa. Por ejemplo, si alguien desea que su pareja organice una salida, en lugar de decirle directamente: "Quiero que hagamos planes para este fin de semana", podría decir: "No creo que este fin de semana haya nada interesante para hacer". Al escuchar esto, la otra persona podría sentirse motivada a probar que hay muchas cosas interesantes que hacer y terminar organizando una salida o plan especial. Es una forma sutil de guiar una situación sin generar confrontación o resistencia.

La psicología inversa también se usa en la publicidad y el marketing, aunque muchas veces no lo notamos. Las marcas y los anunciantes han aprendido a aprovechar este principio para influir en los consumidores. Piensa en las campañas publicitarias que utilizan frases como "No todos pueden manejar este producto" o "Solo los más valientes se atreverán a probarlo". Este tipo de mensajes están diseñados para hacerte sentir que, si no compras el producto, estás perdiéndote de algo exclusivo o que te falta coraje. El cerebro humano responde a este tipo de desafíos porque no nos gusta sentirnos limitados o incompetentes, así que nos vemos tentados a hacer lo contrario de lo que se nos sugiere indirectamente, comprando el producto solo para demostrar que sí podemos manejarlo o que somos lo suficientemente valientes.

En el ámbito laboral, la psicología inversa también puede ser muy útil. Imagina que un jefe quiere que su equipo trabaje más rápido o que complete una tarea particularmente difícil. En lugar de presionar directamente o imponer plazos estrictos, podría decir: "Entiendo que esto puede ser demasiado complicado, tal vez necesitemos reducir las expectativas". Al escuchar esto, el equipo podría sentirse motivado a demostrar que sí puede manejar la tarea y, al final, entregará un mejor trabajo que si hubiera sido forzado directamente. Las personas en el trabajo suelen responder mejor cuando sienten que están tomando decisiones por su cuenta y no porque se les ha impuesto algo de manera autoritaria.

Las amistades también son un lugar donde la psicología inversa puede surgir de manera natural. Por ejemplo, si un amigo no está interesado en asistir a una reunión o a un evento, en lugar de insistir directamente en que asista, podrías decir algo como: "No te preocupes, seguro no es tu tipo de evento, probablemente no te divertirías". Esta declaración, que aparentemente le da una salida fácil, puede en realidad despertar el deseo de demostrar que sí podría disfrutarlo o que es más abierto de lo que se le da a entender, y finalmente podría decidir asistir solo para probar que la percepción es incorrecta. Es una táctica social común, que se usa en situaciones informales para manejar las expectativas y deseos de los demás sin parecer controladores.

En nuestras vidas diarias, también nos encontramos utilizando la psicología inversa con nosotros mismos. A veces, cuando no tenemos ganas de hacer algo importante, como limpiar la casa o terminar una tarea pendiente, nuestro cerebro puede responder mejor a un pequeño desafío interno. Si nos decimos "Probablemente no serás capaz de terminar esto hoy", podríamos activar un impulso de demostrar lo contrario y hacerlo solo para sentirnos bien con nosotros mismos. Aunque no lo sepamos, estamos utilizando la psicología inversa para motivarnos, porque nuestro cerebro responde bien a los desafíos cuando creemos que tenemos algo que demostrar, incluso a nosotros mismos.

Un área donde la psicología inversa también es muy efectiva es en la educación. Los maestros y educadores, a menudo de manera sutil, la usan para motivar a los estudiantes. Si un profesor nota que un estudiante no está prestando atención o no está interesado en participar en una actividad, en lugar de insistirle para que lo haga, podría decir algo como: "No estoy seguro de que estés listo para este tipo de desafío". Esta pequeña afirmación puede hacer que el estudiante, queriendo demostrar que sí está listo, se sienta más comprometido a participar y a involucrarse en la actividad. Esta técnica puede ser particularmente útil en niños y adolescentes, quienes muchas veces se sienten impulsados a probar que pueden hacer más de lo que los demás esperan de ellos.

En resumen, la psicología inversa es una herramienta que usamos de forma natural en nuestra vida cotidiana, sin necesidad de ser expertos en psicología. Ya sea para motivar a un niño a hacer algo que no quiere, influir en la pareja para que tome una decisión, convencer a un amigo para que participe en un plan o incluso para motivarnos a nosotros mismos a completar una tarea, la psicología inversa está presente en muchas situaciones. Funciona porque aprovecha nuestra tendencia a resistirnos a las imposiciones y a querer demostrar nuestra autonomía. Cuando sentimos que tenemos el control y que nuestras decisiones son propias, estamos más dispuestos a actuar, incluso si eso significa hacer exactamente lo contrario de lo que se nos sugirió en un principio. Es una técnica sutil, pero muy efectiva, y, cuando se usa de manera adecuada, puede facilitar nuestras interacciones diarias y ayudarnos a lograr nuestros objetivos sin generar conflictos o resistencia.

# La Clave del Rechazo

El rechazo es una parte inevitable de la vida, y aunque a menudo lo vemos como algo negativo, es fundamental para entender por qué la psicología inversa funciona tan bien. La clave del rechazo está en cómo reaccionamos cuando sentimos que alguien nos está imponiendo algo, incluso si lo que nos sugieren es algo que realmente podría beneficiarnos. Cuando percibimos que nuestra libertad de elección está siendo amenazada, surge una especie de impulso automático que nos lleva a rechazar esa imposición. Esta reacción puede parecer ilógica, pero tiene mucho sentido cuando entendemos cómo funciona la mente humana.

El rechazo, en este contexto, es una respuesta natural a cualquier cosa que parezca limitar nuestra autonomía. Como seres humanos, valoramos enormemente nuestra capacidad para tomar nuestras propias decisiones. Desde pequeños, aprendemos a querer sentirnos independientes, a hacer nuestras propias elecciones y a demostrar que podemos hacer las cosas por nosotros mismos. Este deseo de independencia se va fortaleciendo con el tiempo, y cuando alguien nos dice qué hacer o cómo actuar, es como si nuestro cerebro levantara una barrera defensiva. Sentimos que debemos proteger nuestra capacidad de decidir y, a menudo, la mejor forma de hacerlo, en nuestra mente, es rechazar lo que nos dicen.

Imagina, por ejemplo, que alguien te dice: "Deberías hacer ejercicio todos los días". Aunque en el fondo sabes que es un buen consejo, una parte de ti podría sentir que esa sugerencia está limitando tu libertad. Puede que incluso sientas una pequeña resistencia interna, como si el simple hecho de que alguien te diga qué hacer te empujara a hacer lo contrario. Esto es el rechazo en acción. No se trata de que no entiendas los beneficios del ejercicio, sino de que sientes que no fue tu elección inicial, y eso hace que te resistas. Es aquí donde la psicología inversa puede entrar en juego, aprovechando esa tendencia al rechazo.

Lo que realmente activa el rechazo es el deseo de sentir que nuestras decisiones son nuestras. Cuando algo nos parece una imposición, sentimos que no estamos eligiendo libremente, y eso puede generar una incomodidad que lleva al rechazo. La psicología inversa aprovecha esta reacción natural. En lugar de decirte "deberías hacer ejercicio", podría sugerir algo como: "Probablemente no tendrás tiempo para hacer ejercicio hoy, seguro estás demasiado ocupado". Esta frase, que parece liberar de la presión, puede hacer que el cerebro reaccione de manera diferente. En lugar de sentir rechazo, podrías sentirte motivado a demostrar lo contrario, diciendo para ti mismo: "Sí tengo tiempo, y lo haré".

Esta tendencia a rechazar lo que se nos impone está profundamente arraigada en nuestra naturaleza. Desde niños, cuando empezamos a descubrir el mundo por nosotros mismos, nos enfrentamos a situaciones donde se nos dice qué hacer o qué no hacer. Los padres, con las mejores intenciones, suelen decirnos cosas como "no toques eso" o "no hagas eso", lo que genera una curiosidad y un impulso casi automático a hacer justo lo contrario. Esto no es solo rebeldía infantil, es un reflejo de la mente humana buscando su propio espacio de decisión. A medida que crecemos, esta tendencia no desaparece, simplemente se vuelve más sutil.

El rechazo no siempre es algo consciente. A veces, ni siquiera nos damos cuenta de que estamos rechazando una idea o una sugerencia simplemente porque sentimos que nos la están imponiendo. Esto puede suceder en el trabajo, cuando un jefe nos dice cómo deberíamos hacer algo, o en nuestras relaciones, cuando alguien nos da un consejo no solicitado. En el momento en que sentimos que no tenemos control sobre la situación, nuestra mente empieza a buscar formas de recuperar ese control, y una de las maneras más simples de hacerlo es rechazando la sugerencia o haciendo lo contrario de lo que se nos ha dicho.

Lo interesante es que el rechazo no se trata solo de ir en contra de los demás, también ocurre cuando nos damos a nosotros mismos ciertas órdenes mentales. Por ejemplo, si te dices "tengo que dejar de comer tantos dulces", puedes notar que, en lugar de reducir tu consumo, te sientes más tentado a comer aún más. Esto es porque, incluso cuando la "orden" viene de ti mismo, el cerebro puede interpretarla como una restricción y reaccionar de la misma manera, buscando recuperar esa sensación de libertad rechazando la idea. Este fenómeno es lo que hace que muchas veces, las dietas o resoluciones personales sean tan difíciles de mantener.

El rechazo, entonces, no es solo una respuesta negativa, sino una defensa natural que el cerebro utiliza para proteger lo que percibe como su libertad. Pero lo que hace a la psicología inversa tan efectiva es que aprovecha este mismo mecanismo para dirigir el comportamiento hacia donde queremos. Al sugerir lo contrario de lo que en realidad deseamos, estamos engañando un poco a la mente para que sienta que tiene el control y, en lugar de rechazar lo que se le propone, opta por hacerlo por su cuenta. El truco está en saber cómo presentar la situación de una manera que no se sienta como una imposición.

Otro aspecto fascinante de la clave del rechazo es cómo funciona de manera diferente en distintas personas. Algunos individuos tienen una mayor tendencia a rechazar cualquier tipo de autoridad o control, mientras que otros pueden ser más conformistas o más propensos a aceptar sugerencias sin tanto conflicto. Sin embargo, incluso en aquellos que son más complacientes, la psicología inversa puede tener un impacto, porque todos tenemos un deseo básico de autonomía, aunque no lo expresemos de la misma manera.

Es importante entender que el rechazo no siempre es negativo. De hecho, puede ser una herramienta útil en la vida diaria. Nos ayuda a mantenernos fieles a lo que queremos y a defender nuestras elecciones. Sin embargo, cuando entendemos cómo funciona este mecanismo, también podemos aprender a manejarlo de manera más efectiva, tanto en nosotros mismos como en nuestras interacciones con los demás. La clave está en reconocer cuándo estamos experimentando esa reacción natural de rechazo y pensar en maneras de reformular nuestras acciones o palabras para evitar desencadenarla.

La psicología inversa, en resumen, funciona porque entiende el poder del rechazo y lo utiliza a su favor. En lugar de luchar contra esa tendencia natural a resistirnos cuando sentimos que perdemos el control, nos permite crear un escenario donde la otra persona siente que está tomando sus propias decisiones, aunque esas decisiones coincidan con lo que queríamos desde el principio. Este es el corazón de la técnica: aprovechar el impulso de rechazo para guiar el comportamiento sin enfrentamientos, sin imposiciones y sin que la persona se sienta presionada o manipulada. Es una forma sutil, pero poderosa, de influir en los demás y, al mismo tiempo, respetar su necesidad de autonomía.

# Aplicaciones en la Crianza de los Hijos

La crianza de los hijos es uno de los contextos donde la psicología inversa se utiliza con mayor frecuencia, aunque muchos padres no se den cuenta de que la están aplicando. Criar a un hijo no es tarea fácil. Los niños, desde muy pequeños, empiezan a desarrollar su propio sentido de independencia, y a menudo eso puede chocar con las instrucciones o expectativas de los padres. Cuando un niño siente que se le está obligando a hacer algo que no quiere o que se le impide hacer algo que desea, suele responder con resistencia. Es ahí donde entra la psicología inversa como una herramienta sutil y efectiva para guiar el comportamiento sin imponerlo de forma directa.

Uno de los ejemplos más comunes de psicología inversa en la crianza es la hora de la comida. Imagina a un niño que no quiere comer sus vegetales. El enfoque directo, como "Come tus vegetales, son buenos para ti", a menudo lleva a más resistencia. El niño puede sentir que está siendo obligado y se negará a comerlos, no necesariamente porque no le gusten, sino porque quiere demostrar su control sobre la situación. En lugar de insistir, un padre podría decir algo como: "Probablemente no te gusten estos vegetales, no creo que puedas comerlos todos". Al escuchar esto, el niño, sintiendo el desafío, podría decidir comerlos, simplemente para demostrar que es capaz. Este pequeño truco de psicología inversa juega con el deseo del niño de tomar sus propias decisiones, llevándolo a hacer lo que el padre quiere sin sentir que ha perdido el control.

Otro ejemplo muy común es el momento de recoger los juguetes. Muchos niños se resisten a las tareas de orden, especialmente si están inmersos en el juego y no quieren que ese momento de diversión termine. En lugar de decirle directamente a un niño que debe recoger sus juguetes, una madre o un padre puede emplear la psicología inversa diciendo algo como: "No te preocupes, sé que recoger todos esos juguetes es demasiado difícil para ti, quizás deberíamos hacerlo otro día". El niño, queriendo demostrar que sí es capaz de hacerlo, podría ponerse a recoger los juguetes inmediatamente, con la idea de que está tomando el control de la situación. Lo que parecía una resistencia inicial se convierte en cooperación, todo porque se le dio al niño la sensación de que la decisión fue suya.

Este tipo de técnicas también son útiles en situaciones donde los niños están aprendiendo a vestirse solos o a completar pequeñas tareas cotidianas. Si un padre le dice a su hijo: "Dudo que puedas vestirte tú solo, debe ser muy complicado", es probable que el niño quiera demostrar que sí puede hacerlo y lo intente con más entusiasmo. La clave aquí es no hacer que la sugerencia parezca una burla, sino más bien un comentario neutral que desafíe de manera sutil las habilidades del niño. El objetivo no es hacer que el niño se sienta mal, sino motivarlo a demostrar que es más capaz de lo que piensa.

La psicología inversa también puede ser útil en situaciones donde los padres desean que sus hijos tomen decisiones responsables. Por ejemplo, si un niño no quiere hacer sus tareas escolares, en lugar de imponerle la obligación de hacerlas, un padre podría decir: "Bueno, tal vez no tienes tiempo para hacer tus tareas hoy, o quizás prefieres descansar y no terminarlas". El niño, al sentir que se le está dando la opción de no hacer las tareas, podría reconsiderar y decidir hacerlas para evitar las consecuencias naturales de no haberlas hecho. La sensación de libertad, incluso si es una ilusión, le permite tomar una decisión que lo beneficia, y evita la confrontación directa que muchas veces genera conflicto.

Lo interesante de la psicología inversa en la crianza es que no solo ayuda a resolver situaciones específicas, sino que también fortalece la relación entre padres e hijos. Cuando los niños sienten que no se les impone todo de manera directa, son más propensos a cooperar de manera voluntaria. Este enfoque respeta su necesidad de autonomía y les permite sentir que están tomando decisiones por sí mismos, lo cual es crucial para su desarrollo emocional. Al utilizar la psicología inversa, los padres no están forzando a sus hijos a actuar de una manera particular, sino que los están guiando suavemente hacia el comportamiento deseado.

Otra área donde la psicología inversa puede ser muy efectiva es en la disciplina. A veces, los niños se comportan de manera desafiantes simplemente porque buscan atención o quieren probar los límites de lo que pueden hacer. En lugar de reaccionar con enojo o castigo directo, un padre podría aplicar la psicología inversa diciendo algo como: "No creo que hoy estés interesado en portarte bien, probablemente prefieras seguir haciendo lo que quieras". Esta afirmación, que no es agresiva ni punitiva, puede llevar al niño a reconsiderar su comportamiento y a actuar de manera más adecuada, solo para demostrar que sí puede comportarse bien. En lugar de sentir que están siendo castigados o controlados, los niños responden a este tipo de sugerencias con un cambio de actitud más positivo.

Es importante señalar que la psicología inversa no debe ser utilizada como una manipulación constante o excesiva. Los niños son muy inteligentes y, si notan que siempre se les está tratando de engañar, pueden perder la confianza en los padres o sentirse frustrados. La clave está en usar esta técnica de manera equilibrada, como una herramienta más en la caja de recursos para la crianza, no como el único método. La honestidad y la comunicación abierta son igual de importantes, pero la psicología inversa puede ser una forma divertida y creativa de enfrentar ciertos desafíos del día a día.

Un aspecto esencial a considerar es que la psicología inversa funciona mejor cuando se utiliza en momentos donde el niño ya está mostrando resistencia o cuando el enfoque directo ha fallado. No es necesario aplicarla en cada situación, ya que a veces los niños responden bien a la comunicación clara y directa. Sin embargo, en esos momentos donde parece que nada funciona, recurrir a la psicología inversa puede ser una forma de desactivar la tensión y lograr la cooperación sin que el niño sienta que está perdiendo su libertad de decisión.

En situaciones más complejas, como ayudar a los niños a desarrollar buenos hábitos, la psicología inversa puede ser una herramienta útil a largo plazo. Si un niño no quiere cepillarse los dientes antes de dormir, un padre podría decir: "No creo que sea tan importante cepillarse los dientes todas las noches, quizás no necesites hacerlo hoy". Aunque esta afirmación va en contra de lo que realmente se desea, la naturaleza desafiante del niño puede llevarlo a hacer justamente lo contrario, buscando reafirmar su independencia. A medida que el niño empieza a hacer de esa tarea un hábito, el uso de la psicología inversa puede reducirse, ya que la cooperación y el comportamiento deseado ya están más establecidos.

Al final, la crianza de los hijos es un proceso lleno de desafíos, y cada niño es diferente. Lo que funciona con uno puede no funcionar con otro, pero la psicología inversa ofrece una herramienta versátil que puede adaptarse a muchas situaciones. Los niños, al igual que los adultos, valoran su autonomía, y cuando sienten que tienen control sobre sus decisiones, es más probable que cooperen de manera voluntaria. La psicología inversa, utilizada con cuidado y respeto, puede hacer que la crianza sea un poco más llevadera y que las interacciones diarias con los hijos sean más armoniosas.

En resumen, la psicología inversa en la crianza es una forma sutil de influir en el comportamiento de los niños sin crear conflictos o forzar las cosas. Al presentar una sugerencia de manera que no se sienta como una imposición, los padres pueden guiar a sus hijos hacia comportamientos positivos, al tiempo que fortalecen su sentido de independencia. Es una técnica efectiva, pero debe usarse con moderación y siempre con el objetivo de ayudar al niño a crecer de manera saludable y autónoma.

# Psicología Inversa en las Relaciones de Pareja

La psicología inversa en las relaciones de pareja puede parecer un tema delicado, pero es una técnica que puede ser utilizada de manera efectiva para mejorar la comunicación y fortalecer la conexión entre dos personas. Las relaciones románticas suelen estar llenas de emociones, expectativas y, a veces, malentendidos. A menudo, cuando una pareja se siente presionada o empujada a hacer algo, la reacción natural es resistirse o rechazar la idea, incluso si en el fondo están de acuerdo. La psicología inversa, cuando se usa con tacto y respeto, puede ayudar a suavizar estas situaciones y fomentar la cooperación sin que la otra persona sienta que está siendo manipulada o controlada.

En el contexto de una relación de pareja, la psicología inversa no tiene como objetivo manipular o engañar a la otra persona, sino que se utiliza para superar la resistencia que surge cuando alguien siente que está perdiendo su libertad o su poder de decisión. Por ejemplo, en muchos casos, uno de los miembros de la pareja puede querer que el otro participe más en las tareas del hogar, pero si lo expresan de manera demasiado directa, como diciendo "necesitas hacer más en la casa", esto puede generar una reacción negativa. La otra persona puede sentir que está siendo criticada o que no se le está valorando lo suficiente, lo que puede llevar a una discusión o a una falta de cooperación.

Aquí es donde la psicología inversa puede ser útil. En lugar de exigir directamente que la pareja haga más en casa, se podría decir algo como "sé que estás muy ocupado, probablemente no tengas tiempo para ayudar con las tareas hoy". Este enfoque, que parece liberar a la otra persona de la responsabilidad, puede hacer que se sientan motivados a demostrar lo contrario y terminen ayudando, no porque se lo hayan pedido, sino porque sienten que fue su decisión. En lugar de sentir que están cediendo ante una exigencia, se sienten empoderados para actuar por su cuenta.

Otro ejemplo podría estar relacionado con la toma de decisiones importantes, como elegir un lugar para las vacaciones o un plan para el fin de semana. En muchas relaciones, puede surgir una dinámica donde una persona se siente responsable de tomar la mayoría de las decisiones, lo que puede generar agotamiento o frustración si la otra parte no participa activamente. En lugar de presionar a la pareja para que tome una decisión, se podría usar la psicología inversa diciendo algo como: "Seguro no te interesa mucho dónde vayamos, así que lo decidiré yo esta vez". Esta frase, aunque parece que está liberando a la otra persona de la responsabilidad, podría despertar su interés y motivarlos a participar más activamente en la toma de decisiones, todo porque sienten que están eligiendo por voluntad propia.

La clave para que la psicología inversa funcione en una relación de pareja es usarla con cuidado y respeto. No se trata de manipular a la otra persona para que haga lo que queremos, sino de entender cómo las personas reaccionan cuando sienten que se les está quitando la libertad de decidir. La mayoría de nosotros queremos sentir que nuestras decisiones son propias, y cuando sentimos que alguien más nos está imponiendo algo, es natural resistirse. Al usar la psicología inversa de manera inteligente, podemos crear un espacio donde la otra persona sienta que tiene el control, lo que puede llevar a una mayor cooperación y menos conflictos.

Es importante mencionar que la psicología inversa no debe ser el único enfoque en una relación de pareja. La comunicación abierta, el respeto mutuo y la comprensión son la base de cualquier relación exitosa. Sin embargo, en momentos de estancamiento o cuando parece que hay un bloqueo en la comunicación, la psicología inversa puede ser una herramienta útil para desactivar la resistencia y permitir que ambas partes lleguen a un acuerdo. Por ejemplo, si una persona se niega a hablar sobre un tema sensible, como problemas financieros o decisiones familiares, en lugar de insistir y generar más tensión, se podría decir algo como: "No creo que estés listo para hablar de esto ahora, lo dejaremos para otro momento". Esta afirmación, en lugar de empujar la conversación, permite que la otra persona se sienta menos presionada y más dispuesta a abrirse cuando esté lista.

Un área donde la psicología inversa puede ser especialmente efectiva es en los desacuerdos sobre cambios personales o hábitos. Supongamos que una pareja quiere que la otra deje de fumar o adopte hábitos más saludables. En lugar de insistir y repetir los mismos argumentos una y otra vez, lo que puede llevar a más resistencia, se podría intentar algo como: "No creo que vayas a dejar de fumar este año, probablemente te cueste demasiado". Esta afirmación puede despertar en la otra persona un deseo de demostrar que sí es capaz de hacerlo, motivándola a considerar un cambio de comportamiento por su propia cuenta, sin sentir que se le está imponiendo.

En las relaciones a largo plazo, es común que una pareja quiera que la otra participe más en la relación emocional o en la toma de decisiones diarias. La psicología inversa puede ser una forma útil de fomentar esta participación sin que la otra persona se sienta obligada. Por ejemplo, si una persona siempre es la que organiza las salidas o las actividades del fin de semana, podría decir algo como: "Sé que probablemente no tienes ganas de planear algo este fin de semana, así que lo haré yo otra vez". Al escuchar esto, la otra persona podría sentirse motivada a tomar la iniciativa, simplemente para no dejar toda la responsabilidad a su pareja y demostrar que también está involucrada en la relación.

Uno de los aspectos más interesantes de la psicología inversa en las relaciones de pareja es que puede ayudar a cambiar patrones de comportamiento sin crear conflictos. Muchas veces, cuando intentamos cambiar algo en nuestra pareja o en la dinámica de la relación, lo hacemos de manera demasiado directa, lo que genera resistencia. Al usar la psicología inversa, estamos sugiriendo de manera sutil lo contrario de lo que queremos, permitiendo que la otra persona reaccione por su cuenta y tome la decisión de cambiar. Esto no solo evita enfrentamientos, sino que también refuerza la idea de que las decisiones en la relación son compartidas y no impuestas.

Es importante tener en cuenta que la psicología inversa no debe ser utilizada como una herramienta para manipular o controlar a la pareja. Las relaciones saludables se basan en la confianza, y si una persona siente que está siendo engañada o manipulada constantemente, esto puede dañar seriamente la relación. La psicología inversa debe utilizarse con moderación, en situaciones específicas donde hay resistencia y la comunicación directa no parece funcionar. Además, debe estar acompañada de una comunicación honesta y abierta, donde ambas partes puedan expresar sus sentimientos y necesidades sin miedo a ser juzgadas.

En resumen, la psicología inversa puede ser una herramienta valiosa en las relaciones de pareja cuando se utiliza de manera adecuada. Puede ayudar a superar la resistencia, fomentar la cooperación y evitar conflictos innecesarios. Al permitir que la otra persona sienta que tiene el control de sus decisiones, se crea un ambiente más armonioso y equilibrado en la relación. Sin embargo, como con cualquier técnica, es importante usarla con cuidado y respeto, asegurándose de que la base de la relación se mantenga en la confianza y la comunicación abierta. Con el enfoque adecuado, la psicología inversa puede ser una forma efectiva de mejorar la dinámica de pareja y fortalecer la conexión entre dos personas.

# Psicología Inversa en el Marketing

La psicología inversa también se utiliza de manera muy efectiva en el mundo del marketing, donde las empresas buscan influir en las decisiones de compra de los consumidores sin que estos sientan que están siendo presionados a hacerlo. En un mercado saturado de mensajes publicitarios, los consumidores se han vuelto más cautelosos y a menudo reaccionan de manera defensiva cuando sienten que se les está vendiendo algo de forma directa. Aquí es donde entra la psicología inversa: una técnica que permite a las marcas persuadir de manera sutil y efectiva, haciendo que el consumidor se sienta en control de su decisión de compra.

El concepto básico de la psicología inversa en marketing es hacer que el cliente sienta que algo es exclusivo, limitado o no disponible para todos. Cuando a las personas se les dice que no pueden tener algo o que algo es difícil de conseguir, tienden a quererlo aún más. Esto se debe a un fenómeno psicológico conocido como la "reactancia", que es la respuesta emocional que surge cuando sentimos que nuestra libertad de elección está siendo limitada. Queremos recuperar esa libertad, y en el caso del marketing, eso puede llevar a que los consumidores deseen adquirir el producto que sienten que les están tratando de quitar o limitar.

Uno de los ejemplos más claros de psicología inversa en el marketing es la famosa estrategia de "oferta limitada". A menudo, vemos promociones que dicen "solo por tiempo limitado" o "pocas unidades disponibles". Estos mensajes están diseñados para crear una sensación de urgencia en el consumidor, haciéndole sentir que si no actúa rápido, perderá la oportunidad de adquirir el producto. Aunque este tipo de tácticas parecen estar diseñadas para restringir el acceso al producto, en realidad están aumentando el deseo del consumidor de obtenerlo. La idea de que algo es escaso o difícil de conseguir lo hace más atractivo, lo que lleva a muchas personas a tomar decisiones de compra impulsivas, simplemente porque temen perder la oportunidad.

Otra forma en la que se aplica la psicología inversa en el marketing es a través de la exclusividad. Las marcas de lujo, por ejemplo, a menudo se posicionan de tal manera que no todo el mundo puede permitirse comprar sus productos. Al hacerlo, no solo están creando un producto de alto valor, sino que están utilizando la psicología inversa para hacer que los consumidores deseen formar parte de ese grupo exclusivo que sí puede acceder a sus productos. La idea de que algo no es para todos, sino solo para un selecto grupo de personas, alimenta el deseo de pertenecer a ese grupo, lo que lleva a muchos consumidores a aspirar a comprar productos de lujo, incluso si no los necesitan o si son más caros de lo que normalmente estarían dispuestos a pagar.

El uso de la psicología inversa en el marketing también se puede ver en la forma en que se presentan las marcas como "rebeldes" o "diferentes". Algunas empresas eligen posicionarse en contra de las normas tradicionales del mercado o de la publicidad convencional, enviando el mensaje de que no están tratando de venderle a todo el mundo. Por ejemplo, una marca puede lanzar una campaña que diga: "Este producto no es para todos, solo para los que realmente entienden el valor de la calidad". Este enfoque desafía al consumidor, haciéndole sentir que debe demostrar que sí es parte de ese grupo especial que "entiende" el valor del producto, lo que puede llevarlo a querer comprarlo para probar que es lo suficientemente sofisticado o conocedor. De esta manera, la marca utiliza la psicología inversa para posicionar sus productos como algo deseable, pero al mismo tiempo aparentemente inalcanzable para algunos.

Otro ejemplo clásico es el uso de la frase "no lo compres". Algunas marcas han utilizado este enfoque en sus campañas publicitarias para sorprender al consumidor y captar su atención. Cuando una empresa dice "no compres este producto", inmediatamente llama la atención porque va en contra de lo que se espera de un anuncio típico. La estrategia aquí es hacer que el consumidor se pregunte por qué no debería comprarlo, lo que despierta su curiosidad y aumenta su interés en el producto. En muchos casos, este tipo de campañas está diseñado para destacar un mensaje más profundo, como la sostenibilidad o la responsabilidad social, lo que también puede generar una mayor conexión emocional con la marca. El objetivo final sigue siendo el mismo: atraer al consumidor y motivarlo a tomar una decisión de compra, pero de una manera que no parece agresiva ni insistente.

El marketing digital también ha adoptado la psicología inversa de manera efectiva, especialmente en plataformas como las redes sociales. Los influencers y las marcas suelen utilizar frases como "probablemente no te interese esto, pero..." para atraer la atención del público. Este tipo de frases despiertan la curiosidad del espectador, quien puede sentir que, al ignorar el mensaje, se está perdiendo algo importante. Es una forma sutil de incitar a las personas a interactuar con el contenido, ya sea viendo un video, haciendo clic en un enlace o comprando un producto. Al jugar con la curiosidad y el deseo de no quedarse atrás, la psicología inversa puede generar un mayor compromiso y participación en el contenido.

En el mundo del marketing, las ofertas "exclusivas" también son un gran ejemplo de psicología inversa. Muchas veces, las marcas ofrecen promociones especiales solo para un grupo selecto de clientes, como los miembros de un programa de fidelización. Cuando los consumidores ven que solo un grupo específico puede acceder a esas ofertas, se sienten más motivados a unirse a ese grupo para obtener los mismos beneficios. Este tipo de estrategias hacen que las personas sientan que están obteniendo algo que no está al alcance de todos, lo que aumenta su percepción del valor del producto o servicio. Incluso cuando las promociones no son tan exclusivas como parecen, la idea de que algo es limitado o especial puede influir fuertemente en la toma de decisiones del consumidor.

La psicología inversa también puede ser efectiva en el marketing de productos innovadores o fuera de lo común. En lugar de tratar de convencer a todos de que compren el producto, las marcas pueden posicionarlo como algo "demasiado avanzado" para el consumidor promedio, lo que genera un desafío. Un ejemplo clásico de esto es el marketing de dispositivos tecnológicos de alta gama, donde los anuncios sugieren que solo aquellos que realmente entienden la tecnología apreciarán el producto. Este enfoque atrae a los consumidores que desean verse a sí mismos como personas inteligentes o conocedoras, motivándolos a comprar el producto para demostrar que están a la altura del desafío.

Sin embargo, es importante destacar que la psicología inversa en el marketing debe utilizarse de manera ética. Si bien puede ser una herramienta poderosa para aumentar las ventas, el abuso de esta técnica puede generar desconfianza entre los consumidores. Si las personas sienten que están siendo manipuladas constantemente o que las ofertas limitadas y exclusivas no son genuinas, pueden dejar de confiar en la marca. Por lo tanto, las empresas deben asegurarse de que las estrategias de psicología inversa que utilicen sean auténticas y estén alineadas con los valores de la marca.

En resumen, la psicología inversa en el marketing es una técnica efectiva que aprovecha el deseo natural de las personas de tener control sobre sus decisiones y de obtener lo que perciben como escaso o exclusivo. Al crear una sensación de urgencia, exclusividad o desafío, las marcas pueden influir en los consumidores de manera sutil, fomentando el deseo de comprar sin que estos se sientan presionados. Sin embargo, como con cualquier estrategia de marketing, la clave está en utilizar la psicología inversa de manera honesta y auténtica, para que los consumidores sientan que están tomando una decisión consciente y voluntaria. Cuando se utiliza correctamente, la psicología inversa puede ser una herramienta poderosa para aumentar las ventas y fortalecer la conexión emocional entre la marca y el consumidor.

73

# Psicología Inversa en el Entorno Laboral

La psicología inversa en el entorno laboral es una herramienta poderosa que puede influir de manera efectiva en la forma en que las personas reaccionan ante tareas, desafíos y responsabilidades. En el lugar de trabajo, a menudo nos enfrentamos a situaciones en las que necesitamos que los demás hagan algo que podría no estar dentro de sus prioridades inmediatas o que requiere un esfuerzo adicional. Sin embargo, en lugar de imponer o exigir ciertas acciones, el uso de la psicología inversa puede motivar a los empleados, colegas o incluso a los jefes a tomar decisiones proactivas y asumir responsabilidades de manera voluntaria.

En el entorno laboral, muchas personas tienden a resistirse cuando sienten que están siendo presionadas o que no tienen control sobre sus propias acciones. Este es un comportamiento común en todos los ámbitos de la vida, pero en el trabajo puede generar problemas de productividad, cooperación o incluso generar un clima tenso. La psicología inversa se basa en hacer que la otra persona sienta que tiene el control, permitiendo que tome decisiones por sí misma en lugar de sentirse obligada a actuar según las instrucciones de alguien más. Esto no solo mejora la disposición para realizar tareas, sino que también puede aumentar la motivación y el compromiso con el trabajo.

Un ejemplo claro de psicología inversa en el entorno laboral puede darse cuando un supervisor necesita que un empleado realice una tarea que puede ser percibida como difícil o indeseable. Si el jefe se acerca de manera autoritaria y dice: "Necesitas hacer esto ahora", el empleado podría reaccionar de manera negativa, sintiendo que se le está imponiendo una obligación sin tomar en cuenta su opinión. En lugar de utilizar esta táctica, el supervisor podría aplicar la psicología inversa diciendo algo como: "Sé que esta tarea es complicada y probablemente no quieras hacerla ahora mismo, así que podemos buscar a alguien más que la haga". Esta declaración le da al empleado la sensación de que tiene el control sobre la decisión, y en muchos casos, el empleado se ofrecerá a realizar la tarea para demostrar que es capaz y que no necesita ser sustituido por otro. Al sentirse desafiado de manera indirecta, el trabajador puede asumir la responsabilidad con una actitud más positiva.

La psicología inversa también puede ser útil en la gestión de equipos y en la creación de un ambiente colaborativo. En lugar de asignar directamente tareas a los miembros del equipo, un líder puede plantear la situación de manera que los empleados se sientan impulsados a asumir esas responsabilidades por sí mismos. Por ejemplo, en lugar de decir: "Tú te encargas de este proyecto", el líder podría decir algo como: "Probablemente este proyecto sea demasiado desafiante para ti en este momento, ¿quieres que busquemos a alguien más que lo maneje?" Este enfoque, aunque parece liberar a la persona de la responsabilidad, en realidad despierta un deseo interno de demostrar que puede manejar el desafío. En lugar de sentirse forzado, el empleado puede aceptar la tarea con más disposición y confianza, ya que siente que está eligiendo asumirla por iniciativa propia.

Otro contexto donde la psicología inversa puede ser efectiva en el entorno laboral es en las reuniones o discusiones en las que se necesita que los empleados o colegas aporten ideas o soluciones. A menudo, las personas pueden sentirse reticentes a participar si creen que sus ideas no serán bien recibidas o si sienten que se espera demasiado de ellas. En lugar de insistir en que todos deben participar activamente, un líder podría aplicar la psicología inversa diciendo algo como: "No todos necesitan contribuir hoy si no tienen algo importante que decir". Esta declaración puede disminuir la presión sobre los empleados, haciendo que se sientan más cómodos para compartir sus ideas. Al no sentirse obligados a hablar, es más probable que se sientan inspirados a hacerlo porque ven la oportunidad como voluntaria en lugar de impuesta.

La psicología inversa también puede aplicarse en la gestión del cambio dentro de una empresa. Cuando las organizaciones introducen nuevas políticas, herramientas o métodos de trabajo, los empleados pueden mostrar resistencia al cambio, especialmente si sienten que se les está forzando a adaptarse. En lugar de imponer el cambio de manera directa, los líderes pueden usar la psicología inversa para suavizar la transición. Por ejemplo, en lugar de decir: "Todos deben adaptarse a este nuevo sistema de inmediato", el mensaje podría ser: "Sabemos que este nuevo sistema no es para todos y que puede que algunos prefieran seguir con el antiguo, pero lo estamos ofreciendo para quienes quieran explorar una forma más eficiente de trabajar". Este enfoque puede despertar la curiosidad de los empleados y motivarlos a probar el nuevo sistema sin sentirse presionados, ya que lo perciben como una opción y no como una obligación.

En cuanto a la motivación individual, los empleados a menudo pueden beneficiarse de la psicología inversa cuando se enfrentan a metas o desafíos profesionales. Si un líder percibe que un trabajador está perdiendo la motivación o no está alcanzando su máximo potencial, en lugar de presionarlo para mejorar su rendimiento, puede emplear la psicología inversa diciendo algo como: "Entiendo si no estás listo para asumir más responsabilidades en este momento, no es necesario que lo hagas". Este tipo de comentarios puede provocar que el empleado reflexione sobre sus propias capacidades y se sienta motivado a demostrar que es capaz de asumir un rol más activo. Al presentar la oportunidad como opcional, el trabajador puede sentirse más empoderado para actuar y superarse.

Otro aspecto donde la psicología inversa puede ser efectiva en el entorno laboral es en la toma de decisiones difíciles. A menudo, los empleados se sienten incómodos tomando decisiones, ya sea porque temen equivocarse o porque no quieren asumir la responsabilidad de una decisión importante. En estos casos, un líder podría decir algo como: "Probablemente esta decisión sea demasiado complicada para ti ahora, así que puedo tomarla yo". Esta afirmación puede empujar suavemente al empleado a reconsiderar su capacidad y tomar la decisión por sí mismo, no porque se le haya exigido, sino porque quiere demostrar que es capaz de hacerlo. Al ofrecer la opción de ceder la decisión, se crea una oportunidad para que el empleado tome la iniciativa de manera voluntaria.

La psicología inversa también puede ser útil para resolver conflictos entre colegas en el trabajo. A veces, las personas se resisten a disculparse o a llegar a un acuerdo cuando sienten que se les está imponiendo la necesidad de hacerlo. En lugar de exigir que dos empleados resuelvan sus diferencias, un supervisor podría decir: "No creo que sea necesario que se sienten a hablar de esto ahora mismo, probablemente no sea el mejor momento". Esta declaración puede aliviar la tensión inicial y permitir que ambas partes sientan que tienen el control sobre el proceso de resolución de conflictos, lo que puede llevar a una reconciliación más voluntaria y efectiva.

Sin embargo, al igual que con cualquier técnica psicológica, es importante usar la psicología inversa con moderación y de manera ética en el entorno laboral. El abuso de esta técnica puede generar desconfianza entre los empleados o incluso crear un ambiente de trabajo hostil si las personas sienten que están siendo manipuladas constantemente. Es crucial que los líderes y supervisores utilicen la psicología inversa de manera respetuosa, asegurándose de que el objetivo final sea mejorar la motivación, la productividad y el bienestar del equipo, y no simplemente forzar a las personas a hacer algo que no desean.

En resumen, la psicología inversa es una herramienta poderosa que, cuando se aplica correctamente, puede transformar la dinámica en el entorno laboral. Al dar a las personas la sensación de que tienen el control sobre sus decisiones, se puede fomentar un mayor sentido de autonomía y motivación. Los empleados se sienten más comprometidos y dispuestos a asumir responsabilidades cuando perciben que están tomando decisiones por su cuenta, en lugar de ser obligados a hacerlo. La clave está en usar la psicología inversa de manera ética y cuidadosa, siempre con el objetivo de crear un ambiente de trabajo positivo y colaborativo.

# Los Riesgos de la Psicología Inversa

La psicología inversa puede ser una herramienta efectiva en muchas situaciones, pero, como cualquier técnica, también conlleva riesgos si no se utiliza adecuadamente. Aunque es tentador pensar que siempre funcionará para lograr que las personas hagan lo que queremos, es importante recordar que estamos lidiando con las emociones, pensamientos y decisiones de otros. Manipular esos aspectos de manera incorrecta o excesiva puede tener consecuencias negativas que afecten tanto las relaciones personales como profesionales. En este capítulo, exploraremos los posibles riesgos de usar la psicología inversa y por qué es fundamental utilizarla de manera cuidadosa y consciente.

Uno de los principales riesgos de la psicología inversa es que puede generar desconfianza. Cuando las personas se dan cuenta de que están siendo manipuladas, pueden sentirse engañadas o traicionadas. Esto es especialmente cierto si la técnica se usa de manera repetida o en situaciones en las que las personas perciben que no se les está hablando de forma directa. Nadie quiere sentirse como una pieza en un juego donde las reglas no están claras. En las relaciones, ya sea en el trabajo, con amigos o con la familia, la confianza es esencial, y si se rompe debido a la manipulación, puede ser muy difícil recuperarla.

Por ejemplo, si constantemente aplicamos la psicología inversa con un colega en el trabajo para que asuma tareas que no desea hacer, este puede eventualmente darse cuenta de la estrategia. En ese momento, podría comenzar a cuestionar todas las interacciones y motivaciones, preguntándose si está siendo manipulado en otras áreas también. Esta falta de confianza puede dañar la relación laboral e incluso afectar la dinámica del equipo si otras personas también empiezan a percibir que las cosas no se están manejando de manera transparente. En lugar de crear un ambiente de cooperación, la psicología inversa mal utilizada puede fomentar la desconfianza y la falta de compromiso.

Otro riesgo significativo es que la psicología inversa puede provocar el efecto opuesto al deseado. Las personas no siempre reaccionan de la manera que esperamos, y en algunos casos, podrían simplemente tomar nuestras palabras al pie de la letra y actuar en consecuencia. Por ejemplo, si le dices a alguien que "probablemente no puedas hacer esto", esperando que eso los motive a intentarlo, es posible que simplemente respondan: "Tienes razón, no puedo" y decidan no hacer nada. En lugar de motivar a la persona, habrías reforzado su sensación de incapacidad. Esto puede ocurrir en cualquier ámbito, desde la crianza de los hijos hasta el trabajo en equipo. En lugar de empoderar a las personas para que se esfuercen, el uso inapropiado de la psicología inversa podría hacer que se desanimen y se alejen de los desafíos.

En las relaciones personales, este riesgo es particularmente alto. Si una pareja intenta usar psicología inversa para conseguir que la otra persona haga algo, puede terminar provocando una reacción negativa. Por ejemplo, si un miembro de la pareja dice algo como "no creo que te importe lo suficiente como para hacer esto por mí", la otra persona podría sentirse herida o resentida en lugar de sentirse motivada a demostrar lo contrario. En lugar de fortalecer la relación, la psicología inversa podría generar tensiones innecesarias, distanciamiento o discusiones. Este riesgo se magnifica cuando hay emociones profundas involucradas, ya que la gente tiende a ser más sensible cuando se trata de relaciones personales.

Otro aspecto importante a considerar es que la psicología inversa puede ser vista como una forma de manipulación emocional. Aunque a veces las intenciones pueden ser buenas, si alguien se siente manipulado emocionalmente, la reacción puede ser bastante negativa. Nadie quiere sentirse controlado o como si sus decisiones estuvieran siendo influenciadas de manera engañosa. En este sentido, la psicología inversa podría cruzar la línea entre la persuasión y la manipulación, lo cual puede tener consecuencias graves para las relaciones. Las personas pueden sentirse humilladas o irrespetadas si creen que sus emociones están siendo utilizadas en su contra para que actúen de cierta manera.

Es crucial destacar que la psicología inversa no es una solución mágica para resolver problemas o conflictos. No debe ser vista como una estrategia a la que recurrimos cada vez que no conseguimos lo que queremos de los demás. Si se utiliza con demasiada frecuencia, puede perder su efectividad y volverse predecible. Cuando las personas se dan cuenta de que siempre estás intentando manipularlas de esta manera, es posible que simplemente dejen de reaccionar o que se vuelvan resistentes a cualquier tipo de solicitud. En lugar de motivarlas, podrías terminar haciendo que las personas sean menos cooperativas y más defensivas.

En el ámbito laboral, el uso indebido de la psicología inversa puede dañar seriamente la moral de un equipo. Si los líderes utilizan esta técnica para que los empleados asuman tareas o responsabilidades que no desean, los trabajadores pueden sentirse explotados o manipulados. A largo plazo, esto puede generar desmotivación y resentimiento. Un equipo de trabajo donde las personas sienten que están siendo manipuladas no es un equipo que funcione bien ni que esté comprometido con los objetivos comunes. El liderazgo debe basarse en la confianza, la transparencia y la comunicación abierta, no en tácticas psicológicas que, si bien pueden ser efectivas a corto plazo, pueden erosionar el bienestar del equipo con el tiempo.

En situaciones más delicadas, como la crianza de los hijos, la psicología inversa mal aplicada puede tener efectos duraderos en el desarrollo emocional de los niños. Si los padres utilizan constantemente esta técnica para manipular el comportamiento de sus hijos, los niños pueden aprender a reaccionar de manera desafiante o a desarrollar una actitud desconfiada hacia la autoridad. También pueden sentirse inseguros sobre cuándo se les está diciendo la verdad o cuándo están siendo manipulados, lo que puede afectar su capacidad para confiar en las personas que deberían estar cuidándolos y guiándolos. La crianza basada en la manipulación puede generar problemas en la relación padre-hijo y dificultar el desarrollo de una comunicación honesta y abierta.

Por otro lado, está el riesgo de que algunas personas no reaccionen con desconfianza, sino con resentimiento o enfado. Si sienten que están siendo manipuladas para hacer algo que no desean, podrían responder con hostilidad o simplemente ignorar cualquier intento de persuasión. Este tipo de reacciones puede empeorar la situación en lugar de resolverla, y generar conflictos innecesarios. En casos extremos, podría dañar seriamente las relaciones personales o laborales, dejando una sensación de incomodidad o tensión en lugar de cooperación.

Finalmente, un riesgo importante que a menudo se pasa por alto es el impacto en la persona que utiliza la psicología inversa. Cuando alguien emplea esta técnica con frecuencia, puede desarrollar una dependencia de la manipulación indirecta en lugar de aprender a comunicar sus necesidades y deseos de manera clara y directa. Esto puede llevar a una falta de habilidades de comunicación asertiva y a un patrón de relaciones disfuncionales, donde la manipulación se convierte en la norma en lugar de la excepción. A largo plazo, esto puede ser perjudicial para el crecimiento personal y para las relaciones saludables.

En conclusión, aunque la psicología inversa puede ser una técnica útil y efectiva en algunas situaciones, también conlleva riesgos importantes que deben tenerse en cuenta. Usarla de manera inapropiada o excesiva puede generar desconfianza, resentimiento y otros efectos negativos tanto en las relaciones personales como profesionales. La clave para evitar estos riesgos es utilizar la psicología inversa con moderación, siempre con respeto hacia los sentimientos y decisiones de los demás, y ser conscientes de que no siempre es la mejor solución. Las relaciones humanas requieren honestidad, transparencia y una comunicación clara, y aunque la psicología inversa puede ser útil en ciertos momentos, no debe convertirse en una herramienta de uso diario ni en un sustituto de la comunicación sincera.

91

# Psicología Inversa y la Autoestima

La psicología inversa puede tener un impacto profundo en la autoestima, tanto de manera positiva como negativa, dependiendo de cómo se utilice. La autoestima, que se refiere a la percepción y el valor que una persona tiene de sí misma, es una parte crucial de nuestro bienestar emocional. Cuando interactuamos con los demás, especialmente en situaciones donde intentamos influir en sus decisiones o comportamientos, es importante tener en cuenta cómo nuestras palabras y acciones pueden afectar la autoestima de esa persona. En este capítulo, exploraremos la relación entre la psicología inversa y la autoestima, cómo puede influirla y las implicaciones que esto tiene en las relaciones cotidianas.

Para entender esta relación, es útil pensar en cómo la psicología inversa funciona a nivel emocional. La psicología inversa se basa en decir lo contrario de lo que realmente queremos que alguien haga, con la expectativa de que la persona reaccione de forma contraria a lo que se le ha dicho. Por ejemplo, si le dices a un amigo que no crees que sea capaz de lograr algo, con la esperanza de que eso lo motive a probar lo contrario, estás utilizando la psicología inversa. Sin embargo, la manera en que esa persona percibe tus palabras puede tener un impacto significativo en su autoestima.

Si la persona tiene una autoestima saludable, es probable que la psicología inversa funcione de la manera esperada. Escuchar que no se cree capaz de hacer algo puede activar su deseo de demostrar lo contrario, dándole una motivación adicional para alcanzar sus metas. En este caso, la persona puede interpretar el comentario como un desafío que refuerza su confianza en sus habilidades. A medida que enfrenta el reto y logra su objetivo, su autoestima puede verse fortalecida, ya que se sentirá más capaz y segura de sí misma. En estos casos, la psicología inversa puede ser un impulso para el crecimiento personal y el fortalecimiento de la autoestima.

Sin embargo, cuando la autoestima de una persona es frágil o baja, la psicología inversa puede tener un efecto negativo. En lugar de sentirse motivada por el desafío, la persona podría interpretar el comentario como una crítica o una validación de sus propias inseguridades. Por ejemplo, si alguien ya se siente inseguro acerca de sus habilidades para completar una tarea y escucha a otra persona decir que no creen que pueda hacerlo, en lugar de desafiarse a sí mismo, podría rendirse y convencerse aún más de que realmente no es capaz. En lugar de actuar como un catalizador para la acción, la psicología inversa en este caso refuerza las creencias negativas que la persona ya tiene sobre sí misma, lo que puede debilitar aún más su autoestima.

Es importante recordar que la autoestima es algo muy sensible. Muchas personas luchan con sus propias dudas y temores, y lo que puede parecer una simple estrategia de motivación puede terminar lastimando a alguien si no se utiliza con cuidado. En lugar de motivar a una persona, podrías estar alimentando sus inseguridades o incluso llevándola a evitar el reto completamente. Esto es especialmente cierto en situaciones donde la relación entre las personas es de naturaleza jerárquica, como entre padres e hijos, maestros y estudiantes, o jefes y empleados. En estos casos, la persona que recibe el comentario puede sentir que su valía está siendo cuestionada por alguien en una posición de autoridad, lo que puede tener un impacto aún más profundo en su autoestima.

Además, el uso repetido de la psicología inversa puede llevar a una erosión de la autoestima a lo largo del tiempo. Si una persona está constantemente expuesta a comentarios negativos que, aunque bien intencionados, están diseñados para motivarla a través del desafío, podría empezar a internalizar esas críticas. En lugar de verlas como un impulso para mejorar, podría comenzar a creer que los demás realmente piensan que no es capaz. Esta acumulación de comentarios negativos puede llevar a un deterioro gradual de la autoestima, especialmente si no hay un refuerzo positivo que equilibre las críticas. A largo plazo, esto puede afectar la confianza de la persona en sus propias capacidades, llevándola a evitar situaciones desafiantes por temor al fracaso.

En este sentido, la psicología inversa debe usarse con precaución, especialmente cuando se trata de personas con baja autoestima. En lugar de utilizar estrategias que impliquen un desafío negativo, puede ser más beneficioso centrarse en el refuerzo positivo y la validación de las capacidades de la persona. Decirle a alguien que confías en su habilidad para hacer algo o destacar sus logros pasados puede ser una forma mucho más efectiva de aumentar su autoestima y motivarla a enfrentar nuevos desafíos. Cuando las personas se sienten apoyadas y valoradas, es más probable que se sientan seguras para asumir riesgos y probar cosas nuevas, lo que a su vez fortalece su autoestima.

Otra consideración importante es cómo la psicología inversa afecta nuestra propia autoestima. A veces, las personas que usan la psicología inversa con frecuencia lo hacen porque sienten que no pueden comunicarse de manera efectiva o directa. En lugar de expresar sus necesidades o deseos de forma clara, recurren a la manipulación indirecta, lo que puede reflejar una falta de confianza en su capacidad para influir en los demás de manera abierta. A largo plazo, esta dependencia de la psicología inversa puede erosionar la autoestima de la persona que la utiliza, ya que puede sentirse incapaz de manejar situaciones interpersonales sin recurrir a tácticas psicológicas.

En las relaciones, la psicología inversa también puede afectar la autoestima de ambas partes. Si una persona siente que está siendo manipulada constantemente a través de comentarios negativos o desafíos, puede comenzar a cuestionar no solo su propia valía, sino también la calidad de la relación. Las relaciones sanas se basan en la comunicación abierta, la confianza y el apoyo mutuo. Si una persona percibe que la otra está tratando de manipularla o que no confía en sus capacidades, esto puede dañar la relación y afectar la autoestima de ambos.

Finalmente, es importante reconocer que la psicología inversa no es la única herramienta disponible para motivar a las personas o para influir en su comportamiento. En muchos casos, la mejor manera de fortalecer la autoestima de alguien es a través de la comunicación directa, honesta y positiva. Cuando las personas se sienten valoradas, escuchadas y comprendidas, su autoestima crece de manera natural. En lugar de tratar de manipular a alguien para que haga lo que deseas, puedes motivar a las personas recordándoles su valor y su capacidad para superar desafíos.

En resumen, la psicología inversa puede tener un impacto significativo en la autoestima, tanto de manera positiva como negativa. Si bien puede ser útil en ciertas situaciones, especialmente con personas que tienen una autoestima saludable, también puede ser perjudicial para aquellos que ya luchan con inseguridades. Es fundamental utilizar esta técnica con precaución, ser consciente de cómo nuestras palabras y acciones pueden afectar a los demás, y recordar que el refuerzo positivo y la comunicación abierta son, a menudo, mucho más efectivos para fortalecer la autoestima y fomentar el crecimiento personal.

# Psicología Inversa y la Toma de Decisiones

La toma de decisiones es un proceso fundamental en nuestras vidas. Todos los días, sin darnos cuenta, tomamos decenas o incluso cientos de decisiones, desde las más simples como qué ropa usar, hasta decisiones más complejas que pueden tener un impacto significativo en nuestro futuro, como cambiar de trabajo o mudarse a otra ciudad. En este proceso, la psicología inversa puede jugar un papel importante, ya que puede influir en la manera en que las personas toman decisiones. En este capítulo, exploraremos cómo la psicología inversa afecta el proceso de toma de decisiones, por qué funciona en ciertos contextos y cuáles son sus posibles limitaciones.

Cuando hablamos de tomar decisiones, estamos hablando de un proceso cognitivo en el que evaluamos diferentes opciones y elegimos una. Sin embargo, lo interesante es que no siempre tomamos decisiones de manera completamente racional. Nuestras emociones, impulsos, experiencias previas y, por supuesto, las influencias externas juegan un papel crucial en este proceso. La psicología inversa se basa precisamente en aprovechar algunas de estas influencias para guiar a una persona hacia una decisión determinada, pero de una forma indirecta.

El principio fundamental detrás de la psicología inversa en la toma de decisiones es que cuando se le dice a una persona que haga algo, especialmente si siente que está siendo controlada o limitada en sus opciones, su reacción natural es querer hacer lo opuesto. Esto tiene que ver con nuestra necesidad innata de autonomía y control sobre nuestras propias vidas. Queremos sentir que nuestras decisiones son nuestras, que somos libres de elegir, y que nadie más está dictando lo que debemos hacer. Es por eso que cuando alguien nos dice "no hagas eso" o "no creo que puedas lograrlo", a menudo sentimos el impulso de probar lo contrario, incluso si inicialmente no habíamos considerado esa opción.

Este fenómeno puede verse claramente en situaciones cotidianas. Imagina que alguien te dice que no deberías tomar un determinado curso porque es demasiado difícil para ti. Incluso si no habías pensado en tomarlo antes, la idea de que alguien esté cuestionando tus capacidades podría hacer que reconsideres esa opción solo para demostrar que eres capaz. De alguna manera, el comentario negativo activa un deseo interno de reafirmar tu independencia y tus habilidades. Esto es la psicología inversa en acción. No es que la persona realmente quiera que elijas esa opción, sino que, al decirte que no puedes o que no deberías hacerlo, te impulsa a considerar la posibilidad de que sí puedes y sí deberías.

En la toma de decisiones, este mecanismo puede ser útil en diversas situaciones. Un ejemplo clásico es cuando los padres intentan que sus hijos tomen decisiones responsables. En lugar de simplemente imponer una regla o prohibir algo, los padres pueden sugerir que el niño haga lo contrario de lo que realmente quieren que haga. Por ejemplo, si un padre quiere que su hijo termine sus deberes antes de salir a jugar, en lugar de decir "haz tus deberes primero", podría decir algo como "puedes ir a jugar si realmente no te importa sacar malas notas". Este tipo de comentario hace que el niño reflexione sobre la situación y posiblemente decida por sí mismo hacer los deberes primero para evitar las consecuencias negativas, sintiendo que fue su propia decisión.

Lo interesante de la psicología inversa en la toma de decisiones es que, a menudo, las personas no son conscientes de que están siendo influidas. Creen que están tomando una decisión autónoma, cuando en realidad han sido guiadas hacia esa elección. Esto puede ser ventajoso en ciertas circunstancias, pero también plantea cuestiones éticas sobre la manipulación. Es importante tener en cuenta que la psicología inversa debe utilizarse con moderación y en situaciones donde realmente beneficie a la persona y no solo a quien la aplica. Manipular constantemente las decisiones de los demás puede erosionar la confianza y dañar las relaciones.

A pesar de su efectividad en algunas situaciones, la psicología inversa tiene limitaciones en la toma de decisiones, especialmente cuando se trata de decisiones más complejas. No siempre es garantía de éxito. Si una persona es consciente de que está siendo manipulada, podría resistirse deliberadamente y hacer lo opuesto, no por desafío, sino para mantener el control sobre su propia decisión. Además, si una persona está muy segura de lo que quiere o tiene una fuerte convicción sobre una opción en particular, la psicología inversa probablemente no tendrá mucho efecto. En esos casos, las personas están menos influenciadas por lo que otros les dicen que hagan o no hagan.

Un ejemplo interesante es el marketing, donde la psicología inversa se utiliza para influir en las decisiones de compra de los consumidores. En este contexto, las empresas pueden sugerir que un producto es exclusivo o difícil de conseguir, sabiendo que los consumidores a menudo quieren lo que parece difícil de obtener. Frases como "este producto no es para todo el mundo" o "quizás no necesites esto, pero..." crean la sensación de que el consumidor debe tomar una decisión por sí mismo y, en muchos casos, esa decisión es optar por el producto. El deseo de no perderse algo exclusivo o de demostrar que pueden acceder a algo que parece limitado impulsa la decisión de compra.

A nivel personal, la psicología inversa también puede ser utilizada para influir en decisiones relacionadas con el comportamiento y las relaciones. Por ejemplo, en una amistad o relación romántica, una persona podría utilizar la psicología inversa para que la otra parte tome una decisión que de otra forma no hubiera considerado. Imagina a alguien que dice "probablemente no querrás venir a esta cena porque no es algo que te interese", cuando en realidad sí espera que la otra persona vaya. Al sugerir que no se espera la participación, se podría despertar el deseo de estar presente y participar en la actividad, lo que lleva a una decisión contraria a la sugerencia inicial.

Es importante mencionar que la psicología inversa no siempre es la mejor herramienta para influir en la toma de decisiones, especialmente cuando se trata de decisiones a largo plazo o de gran importancia. En estos casos, es fundamental promover una toma de decisiones basada en la información y la reflexión. Guiar a alguien hacia una decisión simplemente usando un truco psicológico puede ser efectivo a corto plazo, pero si no se han evaluado todas las opciones de manera adecuada, la decisión puede no ser la más beneficiosa. Además, las decisiones importantes requieren tiempo para ser analizadas, y una influencia sutil como la psicología inversa podría llevar a una elección impulsiva.

En el ámbito laboral, por ejemplo, la psicología inversa podría aplicarse para motivar a un empleado a tomar la iniciativa en un proyecto. Un jefe podría decir "no estoy seguro de que estés preparado para liderar este proyecto aún", lo que podría hacer que el empleado se sienta motivado a demostrar lo contrario. Sin embargo, si se usa de manera inapropiada o constante, puede generar un ambiente de manipulación en lugar de confianza, lo que puede afectar negativamente la moral y la cultura laboral.

En resumen, la psicología inversa puede ser una herramienta poderosa en la toma de decisiones, aprovechando nuestra tendencia natural a querer reafirmar nuestra autonomía y desafiar las expectativas de los demás. Cuando se usa de manera cuidadosa y con buenas intenciones, puede ayudar a guiar a las personas hacia decisiones que de otro modo no habrían considerado. Sin embargo, es importante reconocer sus limitaciones y los riesgos de su uso indebido. La toma de decisiones es un proceso complejo, y aunque la psicología inversa puede ser útil en ciertas situaciones, no debe ser vista como una solución mágica. La clave está en utilizarla con moderación y en situaciones donde realmente pueda beneficiar a la persona que toma la decisión, respetando siempre su capacidad para elegir por sí misma.

# Cómo Detectar la Psicología Inversa

Detectar la psicología inversa puede parecer un desafío al principio, porque esta técnica se basa en que la persona no sea consciente de que está siendo manipulada. La psicología inversa es, por naturaleza, sutil y a menudo pasa desapercibida. Sin embargo, con un poco de práctica y atención, es posible identificar cuándo alguien está intentando influir en tus decisiones de manera indirecta. En este capítulo, exploraremos cómo reconocer las señales de la psicología inversa, por qué algunas personas la utilizan y cómo puedes responder de manera efectiva cuando te das cuenta de que alguien está tratando de influir en ti de esta manera.

El primer paso para detectar la psicología inversa es desarrollar una mayor conciencia de cómo otras personas te hablan y lo que realmente están diciendo. A menudo, la psicología inversa se manifiesta cuando alguien te sugiere hacer lo opuesto de lo que en realidad espera que hagas. Por ejemplo, si alguien te dice "probablemente no quieras salir esta noche, seguro prefieres quedarte en casa", cuando claramente quieren que salgas, esta es una forma clásica de psicología inversa. La persona cuenta con que tu necesidad de reafirmar tu independencia te llevará a elegir salir, incluso si no lo habías considerado antes.

Una de las claves para detectar la psicología inversa es prestar atención a las emociones que te despiertan los comentarios de la otra persona. Si notas que un comentario te genera un impulso inmediato de hacer lo contrario de lo que te están sugiriendo, puede ser una señal de que estás siendo objeto de psicología inversa. Las personas que utilizan esta técnica a menudo se apoyan en nuestra tendencia natural a reaccionar de manera defensiva cuando sentimos que alguien está cuestionando nuestras decisiones o habilidades. Por ejemplo, si alguien dice "seguro no puedes hacer eso, es demasiado difícil para ti", y de repente sientes el impulso de demostrar que puedes hacerlo, es muy posible que estés siendo manipulado a través de la psicología inversa.

Otra forma de detectar la psicología inversa es observar si la persona a menudo usa tácticas de descalificación o desafío. A menudo, la psicología inversa se basa en hacer que alguien se sienta retado o menospreciado de manera sutil, lo que provoca una reacción para probar lo contrario. Si alguien a menudo te dice cosas como "no creo que eso sea algo que puedas manejar" o "no parece que sea de tu interés", cuando en realidad sabes que esa persona querría que lo hicieras, probablemente esté tratando de influir en tu decisión de manera inversa. Estas tácticas de desafío apelan a nuestro orgullo y deseo de demostrar nuestras capacidades.

La psicología inversa también puede ser detectada cuando la comunicación de la otra persona parece contradictoria. Por ejemplo, imagina que un amigo te invita a una fiesta, pero te dice "realmente no creo que te diviertas, probablemente prefieras quedarte en casa". En este caso, aunque están sugiriendo que no vayas, es posible que realmente quieran que lo reconsideres. Esta contradicción entre lo que dicen y lo que en realidad desean puede ser una señal clara de que están usando la psicología inversa. Es importante tener en cuenta que, a menudo, quienes usan esta técnica prefieren no expresar abiertamente sus verdaderos deseos, por lo que sus palabras tienden a ser más indirectas o ambiguas.

Es útil también analizar el contexto en el que se está dando la conversación. Las situaciones donde hay un deseo de control o influencia sobre las decisiones tienden a ser más propicias para el uso de la psicología inversa. Por ejemplo, los padres a veces recurren a esta táctica con sus hijos cuando quieren que sigan ciertas normas o tomen decisiones correctas, pero sin imponerlas de manera autoritaria. En lugar de decir "debes hacer tus deberes", podrían decir "no importa si no haces tus deberes, probablemente no necesites buenas notas para tu futuro". Esta estrategia pone al niño en una posición en la que siente que debe desafiar la sugerencia para tomar una mejor decisión. Si detectas que alguien está tratando de influir en ti, especialmente cuando se trata de decisiones importantes, puede ser un indicio de que está utilizando psicología inversa.

Otro aspecto a tener en cuenta es cómo la otra persona maneja el poder en la interacción. Las personas que utilizan la psicología inversa tienden a adoptar una postura pasiva o de aparente desinterés, mientras que en realidad están muy involucradas en el resultado de la decisión. Si alguien que claramente se preocupa por una decisión parece de repente muy despreocupado o actúa como si no le importara lo que elijas, es posible que esté tratando de influir en tu decisión de manera indirecta. Esta táctica puede crear una sensación de libertad en la otra persona, pero en realidad está diseñada para guiarla hacia una elección específica.

Una de las formas más efectivas de detectar la psicología inversa es hacer preguntas directas. Si sientes que alguien está tratando de influirte, puedes preguntarle de manera abierta cuál es su verdadera opinión o qué es lo que realmente espera que hagas. Al confrontar la ambigüedad o la indirecta con una pregunta clara, puedes forzar a la otra persona a ser honesta sobre sus intenciones. Por ejemplo, si alguien te dice "no creo que puedas con este proyecto, pero si quieres intentarlo, adelante", podrías responder con algo como "¿crees que realmente no puedo hacerlo o simplemente estás probándome?". Esta estrategia puede exponer el uso de la psicología inversa y, al mismo tiempo, te ayuda a tomar una decisión basada en información más clara.

Una vez que detectas que alguien está usando psicología inversa, es importante pensar en cómo quieres reaccionar. No siempre es necesario resistirse a la influencia. A veces, la persona que utiliza esta técnica tiene buenas intenciones y está tratando de motivarte de una manera que, aunque indirecta, puede ser útil. Por ejemplo, si alguien está tratando de desafiarte a hacer algo que te beneficia, como asumir un nuevo reto o mejorar en alguna habilidad, podrías decidir que esa influencia es positiva y elegir seguir adelante con la acción. Sin embargo, si sientes que la manipulación es perjudicial o que la otra persona está tratando de controlar tus decisiones sin ser sincera, podrías optar por confrontar la situación de manera directa o simplemente no caer en la trampa de hacer lo contrario de lo que te dicen.

Otro punto importante es entender por qué las personas recurren a la psicología inversa. A menudo, lo hacen porque sienten que no pueden influir en las decisiones de manera directa, o porque creen que al decirte lo que realmente quieren, podrían enfrentarse a resistencia. En muchos casos, estas personas están tratando de evitar el conflicto o la confrontación abierta, por lo que recurren a tácticas más sutiles. En otros casos, puede tratarse de una dinámica de poder en la que la persona quiere mantener una posición de control sobre la situación sin parecer demasiado dominante. Entender estas motivaciones puede ayudarte a responder con más claridad y a manejar la situación de una manera más equilibrada.

La psicología inversa también puede estar presente en los medios y en la publicidad. Los mensajes publicitarios a menudo utilizan esta técnica para influir en nuestras decisiones de compra o para guiar nuestro comportamiento como consumidores. Frases como "no es para todos" o "probablemente no lo necesites" pueden ser intentos de despertar tu deseo de adquirir un producto o servicio al sugerir que es exclusivo o difícil de obtener. En estos casos, estar consciente de cómo se utilizan estas tácticas en el entorno comercial te ayudará a tomar decisiones más informadas y menos impulsivas.

En resumen, la psicología inversa puede ser difícil de detectar porque se basa en tácticas sutiles y en influencias indirectas. Sin embargo, prestando atención a los comentarios contradictorios, las emociones que generan y el contexto de la conversación, puedes empezar a notar cuándo alguien está tratando de manipular tus decisiones de esta manera. Hacer preguntas directas y reflexionar sobre las verdaderas intenciones de la otra persona también puede ayudarte a exponer el uso de la psicología inversa y a tomar decisiones más conscientes y autónomas. La clave es ser consciente de tus propias reacciones y no dejarte llevar por impulsos que han sido generados por influencias externas.

# Casos Reales

A lo largo de la historia, la psicología inversa ha encontrado aplicaciones en diversos ámbitos de la vida diaria, desde la crianza de los hijos hasta el marketing, pasando por el mundo laboral y las relaciones personales. En este capítulo, exploraremos algunos casos reales que ilustran cómo se ha utilizado la psicología inversa para influir en las decisiones y comportamientos de las personas. Al observar ejemplos concretos, podemos entender mejor cómo esta técnica puede ser efectiva y, en algunos casos, inesperadamente poderosa.

Uno de los ejemplos más comunes de psicología inversa ocurre en el ámbito de la crianza de los hijos. Los padres, en su deseo de guiar a sus hijos hacia elecciones correctas, a menudo recurren a esta táctica sin siquiera darse cuenta. Un caso típico es el de un niño que se niega a comer sus verduras. En lugar de insistir en que el niño se las coma, lo que puede aumentar la resistencia, un padre puede decir algo como "no creo que quieras comer esas verduras, probablemente no te gusten". Este comentario puede despertar la curiosidad del niño o el deseo de desafiar la sugerencia, y es muy probable que termine comiéndolas solo para demostrar que sí puede hacerlo. Aunque este ejemplo parece simple, muestra cómo la psicología inversa puede desencadenar una reacción inesperada cuando alguien se siente en control de su decisión.

Un ejemplo más elaborado se da en el mundo del marketing. Las empresas y los publicistas han perfeccionado el uso de la psicología inversa para influir en las decisiones de los consumidores. En los años 90, una famosa campaña de Coca-Cola en Japón utilizó esta técnica de una manera brillante. En lugar de promocionar su producto como algo que todos debían tener, crearon una campaña alrededor de la idea de que "Coca-Cola no es para todos". La frase sugería que solo las personas realmente especiales o selectas disfrutarían del producto, lo que desencadenó en los consumidores el deseo de pertenecer a ese grupo exclusivo. En lugar de rechazar el producto, los consumidores se sintieron atraídos por él debido a esta exclusividad implícita. Esta campaña fue un gran éxito y muestra cómo la psicología inversa puede ser utilizada a gran escala para influir en las masas.

Un caso aún más fascinante ocurrió en la historia militar. Durante la Segunda Guerra Mundial, los Aliados utilizaron una forma de psicología inversa en sus tácticas de desinformación. Sabían que los alemanes estaban interceptando sus comunicaciones, por lo que comenzaron a transmitir información falsa que sugería que un ataque clave se llevaría a cabo en un lugar determinado, mientras que el verdadero ataque se planeaba en otro lugar. Al hacer que los alemanes creyeran que habían descubierto información secreta, en realidad los engañaron para que prepararan sus defensas en el lugar equivocado. Esta táctica de desinformación fue extremadamente efectiva, ya que aprovechaba el deseo del enemigo de actuar de manera contraria a lo que percibían como "la trampa". Este es un ejemplo claro de cómo la psicología inversa, aunque sutil, puede tener un impacto enorme incluso en escenarios críticos como la guerra.

Otro caso interesante es el del famoso psicólogo estadounidense B.F. Skinner, quien utilizó una versión de la psicología inversa en sus experimentos sobre el comportamiento humano. Skinner era conocido por su trabajo en el condicionamiento operante, y en uno de sus experimentos, colocó a una paloma en una caja con una palanca que liberaba comida solo cuando la paloma no presionaba la palanca. En lugar de enseñar a la paloma a presionar la palanca para obtener comida, como sería lo esperado, se condicionó al ave a evitar la acción, logrando el resultado contrario. Este experimento muestra cómo, a nivel básico, los seres vivos pueden ser entrenados para actuar de manera contraria a lo que podría esperarse, demostrando que la psicología inversa no solo es aplicable en humanos, sino que también tiene fundamentos más amplios en la naturaleza del comportamiento.

En el ámbito laboral, la psicología inversa también ha demostrado ser útil. Un caso famoso es el de Steve Jobs, cofundador de Apple, quien a menudo utilizaba esta técnica para motivar a sus empleados a alcanzar su máximo potencial. Jobs tenía una forma muy particular de liderar a su equipo, y muchas veces desafiaba a sus ingenieros diciéndoles que una tarea era "imposible" o que no creía que pudieran hacerla en el tiempo requerido. Esta estrategia, que podría parecer desmotivadora, en realidad impulsaba a su equipo a demostrar que Jobs estaba equivocado, y como resultado, lograban completar tareas aparentemente imposibles en tiempo récord. Aunque no siempre fue apreciado por su estilo de liderazgo, la capacidad de Jobs para utilizar la psicología inversa motivó a muchos de sus empleados a rendir por encima de sus propias expectativas.

En las relaciones personales, la psicología inversa también ha jugado un papel importánte. Un caso interesante ocurrió en una pareja que había estado discutiendo sobre la organización de su hogar. El esposo se quejaba constantemente de que su esposa dejaba sus cosas desordenadas y no ponía suficiente esfuerzo en mantener la casa organizada. En lugar de seguir discutiendo sobre el tema, el esposo decidió utilizar psicología inversa. Un día, en lugar de insistir en que la esposa organizara sus cosas, comenzó a elogiarla por ser "tan despreocupada y creativa" que no le importaba el desorden. Al hacer esto, la esposa, que antes se sentía criticada y controlada, comenzó a sentir el impulso de demostrar que también podía ser organizada. Sin que el esposo lo mencionara de nuevo, empezó a organizar la casa por su cuenta, demostrando que la psicología inversa, en un contexto adecuado, puede cambiar comportamientos sin necesidad de confrontación directa.

Finalmente, un caso real que muchas personas han experimentado es el uso de la psicología inversa en las ventas. Los vendedores a menudo emplean esta técnica cuando intentan convencer a un cliente indeciso. Un vendedor de autos, por ejemplo, podría decir "no creo que este coche sea el adecuado para ti, probablemente quieras algo más sencillo". Este tipo de comentario puede hacer que el cliente, en lugar de alejarse, se sienta desafiado y decida considerar el auto que inicialmente estaba descartando. Este enfoque no solo hace que el cliente se sienta en control de su decisión, sino que también crea la ilusión de que está tomando una decisión independiente, cuando en realidad ha sido influenciado sutilmente por el vendedor.

En resumen, los casos reales de psicología inversa son variados y aparecen en múltiples facetas de la vida cotidiana. Ya sea en la crianza, el marketing, las relaciones personales, o incluso en escenarios tan complejos como la guerra, esta técnica ha demostrado ser efectiva para influir en el comportamiento humano. Lo interesante de la psicología inversa es que, a menudo, la persona que está siendo influenciada no se da cuenta de que está actuando de acuerdo con los deseos de otra persona. En su lugar, siente que está tomando una decisión libre y autónoma. La clave para que la psicología inversa funcione reside en su sutileza y en la habilidad de jugar con las emociones y el deseo de control de la persona.

# Psicología Inversa en la Publicidad y los Medios

La psicología inversa es una herramienta poderosa utilizada no solo en interacciones personales, sino también en la publicidad y los medios de comunicación. Las empresas y los publicistas han aprendido a usarla para influir en las decisiones de los consumidores de una manera sutil y, a menudo, imperceptible. En lugar de decirte directamente que compres un producto o que te suscribas a un servicio, los anuncios a menudo sugieren lo contrario o emplean tácticas que apelan a nuestro deseo de independencia y autonomía. Este enfoque funciona porque, cuando sentimos que algo nos es prohibido o desaconsejado, tendemos a desearlo más. En este capítulo, vamos a explorar cómo se utiliza la psicología inversa en la publicidad y los medios para capturar nuestra atención y dirigir nuestras decisiones de compra.

Uno de los primeros principios de la psicología inversa en la publicidad es el uso de la exclusividad. A lo largo de los años, las marcas han aprendido que al sugerir que un producto "no es para todos" o que solo está disponible para un grupo selecto, muchas personas querrán obtenerlo solo para sentirse parte de ese grupo especial. Un ejemplo clásico es el eslogan de una conocida marca de autos de lujo que decía "No todos pueden conducir un [nombre de marca]". Este mensaje no dice directamente "compra este auto", sino que plantea la idea de que solo las personas con ciertas cualidades, como éxito o buen gusto, deberían tener acceso a él. Como resultado, las personas que desean ser vistas como parte de esa élite sienten la necesidad de adquirir el auto para demostrar su estatus, a pesar de que no se les pidió explícitamente que lo hicieran.

Otro ejemplo común de psicología inversa en la publicidad es cuando las marcas utilizan la "despreocupación" para crear un deseo inesperado en los consumidores. En lugar de destacar las características sobresalientes del producto o presionar a la audiencia para que lo compre, algunas marcas optan por hacer lo contrario, restando importancia a la necesidad de adquirirlo. Esto se ve a menudo en campañas dirigidas a los jóvenes, donde el mensaje es algo así como "probablemente no necesitas este producto". Al hacerlo, las marcas despiertan la curiosidad del consumidor y logran que quieran probar el producto simplemente porque parece no estar siendo promovido de manera insistente. Este enfoque hace que los consumidores sientan que están tomando la decisión por sí mismos, cuando en realidad han sido influenciados de manera sutil por la campaña publicitaria.

Los medios de comunicación también han adoptado la psicología inversa en muchas de sus estrategias. Un ejemplo evidente es cuando se prohíbe o restringe el acceso a cierta información. Cuando los medios sugieren que algo es "demasiado controvertido" o "no apto para todos los públicos", muchas personas sienten una necesidad inmediata de ver o escuchar aquello que está siendo censurado o limitado. Esto se debe a un fenómeno psicológico conocido como el "efecto reactancia", que ocurre cuando una persona percibe que su libertad de elección está siendo amenazada, lo que genera un impulso casi automático de recuperar esa libertad tomando la acción que se le está sugiriendo evitar. En este sentido, los medios pueden utilizar la psicología inversa para generar interés en ciertos programas o noticias, simplemente insinuando que no son para todos.

Un ejemplo real de psicología inversa en los medios ocurrió durante la promoción de la película "La Bruja de Blair". En lugar de venderla como una película de terror convencional, los creadores optaron por una campaña de marketing que sugería que la película era un documental real sobre eventos misteriosos. La campaña jugó con la duda y la ambigüedad, sugiriendo que "quizás no sea para todos" porque el material era demasiado intenso o perturbador. Este enfoque atrajo a una gran cantidad de personas que querían ver si eran capaces de manejar la película, alimentando su curiosidad por lo que parecía prohibido o exclusivo. Al final, la película fue un éxito rotundo, en gran parte debido a la habilidad de la campaña para despertar un interés que de otra manera no habría existido.

Otro ejemplo más moderno de psicología inversa en la publicidad es el uso de la "escasez". Muchas tiendas en línea y plataformas de venta utilizan mensajes como "solo quedan 2 unidades" o "oferta por tiempo limitado", lo que induce a los consumidores a actuar rápidamente. Aunque la mayoría de las veces estos productos estarán disponibles de nuevo más tarde, el hecho de que el consumidor sienta que está a punto de perder la oportunidad de comprar algo desencadena una reacción inmediata. Este tipo de mensaje juega con nuestra necesidad de no perdernos algo valioso o especial, y nos empuja a tomar decisiones de compra rápidas basadas en la presión sutil de la escasez. En realidad, esta técnica aprovecha la psicología inversa, ya que en lugar de decir directamente "compra ahora", te están diciendo indirectamente que si no lo haces, perderás algo importante.

Las redes sociales también son un campo fértil para la psicología inversa. Los influencers, por ejemplo, a menudo utilizan esta técnica cuando promocionan productos o servicios. En lugar de decirle a su audiencia que necesita comprar algo, pueden usar frases como "probablemente no sea para todos" o "solo los verdaderamente interesados entenderán por qué uso esto". Estas afirmaciones generan un sentido de exclusividad y provocan en los seguidores el deseo de ser parte de ese pequeño grupo "selecto" que se atreve a probar lo que se está promoviendo. Al presentarlo como algo no necesario o no apto para todos, los influencers logran que sus seguidores sientan una mayor atracción hacia el producto, ya que nadie quiere sentirse excluido o fuera de algo que parece interesante.

En el ámbito del entretenimiento, la psicología inversa también tiene un lugar destacado. Las series de televisión, los libros o incluso los videojuegos a menudo utilizan tácticas de anticipación para generar interés. Por ejemplo, cuando una película es etiquetada como "la más aterradora del año", pero a la vez se dice que "no es para cualquiera", los fanáticos del género sienten una necesidad inmediata de comprobar si realmente pueden soportarla. Este enfoque también es común en los videojuegos, donde las campañas promocionales a veces incluyen mensajes que sugieren que el juego es "demasiado difícil para la mayoría". Estos mensajes indirectos desafían a los jugadores a demostrar su habilidad, lo que genera una motivación extra para adquirir y probar el juego, impulsados por el deseo de demostrar que pueden superar el reto.

Además, la psicología inversa no solo se utiliza en la publicidad de productos o entretenimiento, también se ve en campañas sociales y políticas. En muchas campañas de salud pública, por ejemplo, los mensajes pueden sugerir que una conducta negativa es algo que la mayoría de la gente probablemente no querría cambiar, lo que provoca que las personas se esfuercen por demostrar que no están dentro de ese grupo. Por ejemplo, en las campañas para reducir el consumo de tabaco, en lugar de decir directamente "deja de fumar", se pueden ver anuncios que dicen "la mayoría de las personas piensan que dejar de fumar es demasiado difícil", lo que empuja a algunos fumadores a querer demostrar lo contrario y superar ese desafío.

En resumen, la psicología inversa es una estrategia utilizada ampliamente en la publicidad y los medios para influir en las decisiones y comportamientos de los consumidores. Al sugerir lo contrario de lo que realmente se desea, se despierta el deseo del consumidor de actuar en contra de la sugerencia inicial, impulsado por la necesidad de sentirse independiente, desafiar expectativas o no perderse algo importante. Las marcas, los medios y los influencers han perfeccionado esta técnica, utilizándola para captar nuestra atención y dirigir nuestras decisiones de manera indirecta pero muy efectiva. Entender cómo funciona esta estrategia puede ayudarnos a ser consumidores más conscientes y menos susceptibles a la manipulación sutil que nos rodea en nuestra vida diaria.

# Psicología Inversa en el Desarrollo Personal

La psicología inversa, aunque comúnmente asociada con la manipulación externa, también puede ser una herramienta poderosa en el ámbito del desarrollo personal. En el contexto del crecimiento individual, la psicología inversa se puede utilizar para ayudarnos a superar obstáculos internos, como el autosabotaje, la procrastinación y las limitaciones autoimpuestas. Al aprender a aplicar esta técnica en nosotros mismos, podemos cambiar la forma en que abordamos nuestras metas y desafíos, dándonos una nueva perspectiva sobre cómo motivarnos de manera más efectiva. Aunque pueda parecer paradójico, utilizar la psicología inversa en el desarrollo personal puede ser una estrategia reveladora para mejorar nuestras vidas.

Una de las principales maneras en que la psicología inversa se puede aplicar en el desarrollo personal es en el manejo de la procrastinación. Todos hemos experimentado momentos en los que, a pesar de tener una tarea importante por hacer, encontramos mil y una formas de distraernos y posponerla. En lugar de luchar contra ese impulso de procrastinar, podemos usar la psicología inversa para darle la vuelta a la situación. Por ejemplo, si tienes una tarea pendiente que sigues evitando, en lugar de decirte "debo hacerla ahora", podrías decirte "probablemente no quiera hacerla ahora, tal vez debería esperar más tarde". Este enfoque puede sorprenderte, ya que al darle permiso a tu mente para no hacerlo, puede surgir una reacción opuesta: de repente, te encuentras motivado para empezar la tarea porque ya no te sientes forzado a hacerlo. El truco está en desafiar tu propia resistencia interna de una manera que te libere de la presión, lo que a menudo reduce el deseo de evitar la tarea.

Otro uso interesante de la psicología inversa en el desarrollo personal es en el manejo del autosabotaje. El autosabotaje ocurre cuando, consciente o inconscientemente, tomamos decisiones que van en contra de nuestros propios intereses, a menudo por miedo al fracaso o al éxito. Un ejemplo común es cuando estamos a punto de comenzar un proyecto importante, pero en lugar de avanzar, encontramos excusas para no empezar. En estos casos, en lugar de castigarte por tus acciones, podrías aplicar la psicología inversa diciéndote algo como "es mejor no empezar este proyecto porque probablemente fracase de todas formas". Al decir esto, tu mente puede reaccionar de manera inesperada, impulsándote a demostrar lo contrario y a tomar acción. La clave aquí es desafiar suavemente la creencia limitante, lo que puede romper el ciclo del autosabotaje y hacer que te sientas más inclinado a actuar.

La psicología inversa también puede ser útil cuando se trata de desarrollar nuevos hábitos. Imagina que estás intentando adoptar un hábito saludable, como hacer ejercicio regularmente. En lugar de forzarte a cumplir con una rutina estricta o sentirte culpable por no seguirla, podrías utilizar la psicología inversa de una manera suave. Podrías decirte algo como "no necesito ir al gimnasio hoy, probablemente no cambie mucho si lo hago mañana". Este tipo de pensamiento, aunque parece estar socavando tu objetivo, en realidad puede hacer que te sientas menos presionado y, por lo tanto, más inclinado a ir al gimnasio sin sentirte forzado. La psicología inversa, cuando se utiliza en este contexto, puede ayudarte a crear un espacio mental más relajado, donde no te sientas culpable por cada decisión, lo que a su vez puede aumentar tu motivación.

Un aspecto fascinante de la psicología inversa en el desarrollo personal es su impacto en la autoimagen. A menudo, cuando estamos trabajando en mejorar nuestras vidas, enfrentamos momentos de duda en los que no creemos que seamos capaces de lograr nuestros objetivos. En estos momentos, el uso de la psicología inversa puede ser transformador. Por ejemplo, si te enfrentas a pensamientos negativos como "nunca seré lo suficientemente bueno en esto", podrías responderte de una manera irónica o contraria: "quizá no sea el mejor en esto, pero eso no importa". Al hacerlo, estás jugando con las creencias que te están limitando, desafiándolas de una manera no confrontativa. En lugar de luchar contra tus propios pensamientos negativos de manera directa, los abordas desde un ángulo diferente, lo que puede ayudarte a reducir el impacto emocional que estos pensamientos tienen sobre ti.

La psicología inversa también se puede aplicar en la toma de decisiones difíciles. A menudo, cuando nos enfrentamos a una decisión importante, podemos sentirnos abrumados por el miedo a equivocarnos o a tomar el camino equivocado. En estos casos, en lugar de presionarte para tomar la decisión correcta, podrías decirte algo como "no importa qué decisión tome, probablemente no cambie mucho". Este enfoque desdramatiza la situación, lo que puede aliviar la presión interna y permitirte tomar la decisión sin sentirte atrapado en la ansiedad. Al quitarle peso a la importancia de la decisión, tu mente se relaja y puedes pensar con mayor claridad. La psicología inversa, en este sentido, se convierte en una herramienta para aliviar el estrés y el miedo asociados con las decisiones importantes, dándote la libertad de actuar con más confianza.

En el contexto del desarrollo personal, es importante también entender que la psicología inversa no se trata de engañarnos o de manipular nuestras emociones de manera negativa. Se trata más bien de jugar con nuestras expectativas internas y romper patrones de pensamiento que nos limitan. A menudo, nuestros mayores obstáculos son internos, y la psicología inversa puede ayudarnos a ver nuestras resistencias desde un ángulo diferente. Al hacerlo, podemos encontrar soluciones creativas a los problemas y desbloquear partes de nosotros mismos que antes parecían inaccesibles. Esto puede llevarnos a un crecimiento personal más profundo y a una mayor autocomprensión.

La aplicación de la psicología inversa también puede ser útil para romper ciclos de pensamiento repetitivo o negativo. Muchas veces, cuando estamos atrapados en un ciclo de negatividad, intentar salir de él directamente solo lo refuerza. Si, por ejemplo, estás atrapado en un pensamiento como "nunca seré capaz de mejorar", podrías responder con algo como "tal vez no, y está bien, no todos pueden mejorar". Al aceptar la posibilidad de no mejorar, la mente ya no siente la necesidad de resistirse tanto, y este alivio de la presión puede hacer que encuentres más fuerza para seguir adelante.

En resumen, la psicología inversa es una herramienta versátil que puede ser aplicada de manera efectiva en el desarrollo personal. Ya sea para superar la procrastinación, el autosabotaje o las creencias limitantes, esta técnica nos ofrece una nueva forma de enfrentarnos a nosotros mismos y a nuestros desafíos. En lugar de forzarnos a cumplir con expectativas rígidas o luchar contra nuestros propios pensamientos negativos, la psicología inversa nos permite adoptar una actitud más relajada, donde la presión disminuye y la motivación aumenta de manera natural. Al aprender a aplicar esta estrategia en nuestra vida diaria, podemos desbloquear un crecimiento personal más fluido y efectivo, permitiéndonos avanzar con menos resistencia y más confianza en nuestras capacidades.

# Ética y Límites de la Psicología Inversa

La psicología inversa puede ser una herramienta poderosa, y como toda herramienta que tiene un gran impacto en las personas, su uso debe estar guiado por principios éticos. Cuando hablamos de ética, nos referimos a las reglas y valores que nos ayudan a discernir lo que es correcto y lo que es incorrecto, especialmente en situaciones donde nuestras acciones afectan a otros. Aunque la psicología inversa puede ser muy útil en varios contextos, como en la crianza de los hijos, el marketing o el desarrollo personal, es importante preguntarse: ¿cuándo su uso es apropiado? ¿Existe un límite en la manipulación de las personas? En este capítulo, exploraremos las implicaciones éticas del uso de la psicología inversa y estableceremos algunos límites que deberían respetarse para que su uso no sea perjudicial o manipulador.

En primer lugar, es fundamental comprender que la psicología inversa, en su esencia, implica una forma de manipulación. Al decirle a alguien lo contrario de lo que quieres que haga, con la intención de que esa persona actúe en contra de tu sugerencia, estás influyendo en su comportamiento sin que lo sepa de manera explícita. Esto plantea una pregunta importante: ¿es ético manipular a las personas, aunque sea para su propio beneficio? Por ejemplo, un padre podría usar la psicología inversa para convencer a su hijo de que haga algo que es bueno para él, como estudiar o comer sano. En este caso, el objetivo final es positivo, pero aun así, se está utilizando una táctica de manipulación. Aunque la intención sea buena, el hecho de que la otra persona no sea consciente de que está siendo influenciada puede ser motivo de preocupación. Aquí es donde la ética entra en juego: el uso de la psicología inversa debe estar limitado por el respeto hacia la autonomía de la otra persona.

Un aspecto crucial a considerar es la transparencia. Si bien la psicología inversa puede ser efectiva, usarla constantemente puede generar desconfianza. Las personas, especialmente en las relaciones cercanas, valoran la sinceridad. Si alguien descubre que has estado utilizando la psicología inversa para influir en sus decisiones, podría sentir que no has sido honesto o que has jugado con sus emociones. Esto puede afectar negativamente las relaciones, ya que la confianza es uno de los pilares fundamentales en cualquier interacción humana. Por tanto, es importante ser consciente de la frecuencia y el contexto en el que se utiliza la psicología inversa, para no cruzar esa línea que puede deteriorar la relación o generar sentimientos de manipulación.

Además, la psicología inversa puede ser particularmente delicada cuando se utiliza en personas vulnerables o en situaciones donde hay un desequilibrio de poder. Por ejemplo, utilizar esta técnica en un entorno laboral, donde un jefe manipula a sus empleados para que tomen decisiones que favorecen a la empresa sin que ellos lo sepan, puede ser visto como un abuso de poder. En estos casos, el uso de la psicología inversa no solo es poco ético, sino que puede tener consecuencias negativas a largo plazo, como la pérdida de moral en el equipo o incluso problemas legales si se descubren prácticas manipuladoras. En cualquier situación donde exista un desequilibrio de poder, como entre padres e hijos, jefes y empleados, o maestros y estudiantes, es crucial que el uso de la psicología inversa sea cuidadoso, respetuoso y que nunca se utilice para explotar a la otra parte.

Otro aspecto importante es el impacto emocional que puede tener la psicología inversa en la persona que la experimenta. Aunque en algunas situaciones puede ser inofensiva, en otras puede tener consecuencias emocionales negativas. Si una persona siente que ha sido manipulada para hacer algo que realmente no quería hacer, puede sentirse engañada, lo que puede llevar a sentimientos de resentimiento o frustración. Además, si la psicología inversa se utiliza con demasiada frecuencia en una relación, la persona puede llegar a cuestionar si sus decisiones son verdaderamente suyas o si siempre están siendo influenciadas por otros. Esto puede afectar negativamente su autoestima y su confianza en sus propias habilidades para tomar decisiones. Por eso, es fundamental ser consciente del impacto emocional que puede tener el uso de esta técnica y asegurarse de que no esté causando daño psicológico a largo plazo.

El uso de la psicología inversa también debe estar limitado por el contexto cultural. En algunas culturas o entornos, la manipulación, aunque sea sutil, puede ser vista como extremadamente negativa. Cada sociedad tiene sus propias normas y valores sobre la sinceridad, la manipulación y el respeto hacia los demás. En algunas culturas, la idea de influir en las decisiones de otra persona sin su conocimiento puede ser vista como una falta de respeto o incluso como una forma de engaño. Por lo tanto, antes de utilizar la psicología inversa en cualquier situación, es importante considerar las normas culturales y asegurarse de que su uso no esté violando los valores de la persona o del grupo con el que estás interactuando. Ser consciente de estas diferencias culturales es clave para garantizar que la psicología inversa no sea percibida como manipuladora o irrespetuosa.

Otro límite importante es el consentimiento. A diferencia de otras técnicas de persuasión más directas, la psicología inversa implica un grado de engaño, ya que no se le dice a la persona directamente lo que se espera de ella. En situaciones donde hay confianza mutua o donde las decisiones tienen consecuencias significativas, es fundamental que la persona sepa que sus acciones están siendo influenciadas de alguna manera. Aunque no siempre es posible obtener un "consentimiento informado" cuando se utiliza la psicología inversa, es importante que la otra persona tenga, al menos, una idea de que está siendo guiada en una dirección determinada. El respeto por la autonomía de la otra persona es esencial, y el uso de la psicología inversa no debería violar ese principio.

Por último, es importante recordar que la psicología inversa no siempre es la mejor solución. A veces, la comunicación directa y honesta es la mejor manera de resolver una situación o de influir en las decisiones de otra persona. La confianza y la apertura son valores fundamentales en las relaciones, ya sean personales o profesionales. Si bien la psicología inversa puede ser útil en ciertas situaciones, debe ser vista como una herramienta adicional, no como la única estrategia. En muchas ocasiones, ser transparente sobre lo que se desea o lo que se espera de la otra persona puede ser más efectivo y ético que intentar influir de manera indirecta. La clave está en encontrar el equilibrio adecuado entre la persuasión y el respeto por los derechos y la autonomía de los demás.

En conclusión, el uso de la psicología inversa debe estar guiado por principios éticos sólidos. Aunque puede ser una técnica efectiva en muchas situaciones, es crucial tener en cuenta los posibles efectos emocionales, el contexto cultural y las implicaciones de poder. Además, es fundamental recordar que la transparencia y el respeto por la autonomía de los demás son esenciales para mantener relaciones saludables y basadas en la confianza. Utilizar la psicología inversa de manera responsable significa ser consciente de sus límites y asegurarse de que su uso no esté causando daño o manipulando a las personas de manera negativa. Como toda herramienta, debe ser utilizada con cuidado, sensibilidad y con un profundo respeto por las personas a quienes se aplica.